HERVARAR SAGA

OK

HEIÐREKS KONUNGS,

besørget af N. M. PETERSEN, oversat af G. THORARENSEN.

udgivet

af

det nordiske Literatur-Samfund.

KJØBENHAVN.

TRYKT I BRØDRENE BERLINGS BOGTRYKKERI.

1847

HERVARAR SAGA

ok

HEIÐREKS KONUNGS,

besørget af

N. M. Petersen.

Forord.

Nærværende saga findes i flere, såvel i udtryk som fortællingsmåde temmelig afvigende, håndskrifter; ved de forrige udgaver er den udførligste behandling aftrykt; her finder det omvendte sted. Til grund er lagt membranen Arnæ-Magn. nr. 544. 4to (som også er aftrykt i Fornaldars. 1ste d.), så vidt som den gik, og dernæst membranen nr. 2845 på det store kgl. bibl.; men også den har huller såvel i begyndelsen og midten, som i slutningen; ved siden af den er derfor benyttet det papirshåndskrift, som kommer den nærmest, Arnæ-Magn. nr. 192. fol., og derefter andre papirshåndskrifter. Der er således gjort et forsøg på, først at benytte de ældste, hvilke tillige sædvanlig ere de korteste, og derefter de senere håndskrifter. Begge dele var her nødvendigt, for at frembringe en sammenhængende fortælling. Enkelte ord og tillæg, som ere tagne af senere håndskrifter, ere ikke videre betegnede; kun ved nogle ganske få fandtes det for indholdets skyld nødvendigt at sætte dem i klammer; før at vise tonen i de udførligere behandlinger ere nogle større varianter tilföjede bag texten som tillæg; åbenbare fejl ere rettede. En sådan behandlingsmåde kunde måske synes hel vilkårlig; men dens nødvendighed ligger i håndskrifternes beskaffenhed; thi alle tilhobe ere kun, mere eller mindre heldige, forsøg på at gengive en fortælling, der oprindelig, på begyndelsen og slutningen nær, udgjorde en samling af episke smådigte.

Som exempler på behandlingsmåden anføres: Striden på Samsø er i membranen 544 så kort behandlet, at den anden membran måtte lægges til grund, og tillæg tilföjes af de endnu udførligere håndskrifter; med 6te kap. begynder derimod atter membranen 544. Det første stykke af 10de kap. er taget af membranen 2845, fordi membranen 544 har denne beretning på to steder, og således gentager sig selv; men derefter indtræder igen membranen 544. Til gåderne er her også benyttet Arnæ-Magn. nr. 281. 4to, og til slutningen af sagaen nr. 21. 4to blandt de Raskiske håndskrifter i tillæg til Arnæ-Magn. Begyndelsen af 13de kap. er taget af Arnæ-Magn. nr. 345. 4to, fordi nr. 192 fol. på dette sted har en kortere beretning, hvori Hárvaðafjöll ej nævnes, skøndt de siden forekomme i verset, et bevis på, at fremstillingen her var mangelfuld. o. s. fr.

På nogle steder, f. ex. i gåden om glæderne, er det lykkets at frembringe en mening, hvor der forhen ingen var; andre ere endnu tvivlsomme. Det ubekendte ord: basmir (s. 56. l. 11.) findes ganske tydelig i to håndskrifter (Arnæ-Magn. nr. 193. fol. og nr. 21. 4to blandt de Raskiske håndskrifter) samt i Verelii udgave; andre håndskrifter have åbent rum for dette ord, og have forvandlet det næste oskertar til osker tvær; derpå have atter andre ladet det manglende ord uænset, og således er den hidtil brugelige læsemåde: óskir tvær fremkommen; ved fortsat forskning ville muligen flere mindre tydelige udtryk på lignende måde lade sig oplyse.

Sprogformen har man, da disse udgaver må have til hensigt at tilvejebringe enhed i sprogets ydre, søgt at nærme så vidt muligt til den, som forhen er anvendt i udgaven af Hrafnkelssaga; membranen 544 skriver overalt sun (for son), og anvender ganske regelmæssig œ; lideformen på -sk (for st, i håndskr. z eller s), som er den oprindelige form og endnu findes i håndskrifter fra det trettende århundredes midte, må derved anses for henhørende til den ægte gamle sprogform. Fuldkommen enhed vil næppe endnu for öjeblikket være at opnå, men det er at håbe, at flere forsøg, hvorved tvivlsomme former efterhånden komme til deres ret, endelig ville fremkalde den.

Hèr hefr upp sögu Heiðreks konungs ins vitra.

1. Svá er sagt, at í fyrndinni var kallat Jötunheimar[1] norðr í Finnmörk, en Ýmisland fyri sunnan ok millim Hálogalands; þar byggðu þá risar víða, en sumir váru hálf-risar; var þá mikit sambland þjóðanna, þvíat risar fengu kvenna af Ýmislandi.

Guðmundr hèt konungr í Jötunheimum; hann var blót-maðr mikill; bœr hans hèt á Grund, en hèraðit á Glasis-völlum[2]; hann var vitr ok ríkr; hann ok menn hans lifðu marga mannsaldra, ok því trúa heiðnir menn, at í hans ríki sè Údáinsakr, en hverr er þar kemr hverfr af sótt ok elli, ok má eigi deyja. Eptir dauða Guðmundar blótuðu menn hann, ok kölluðu hann goð sitt. Hans sun hèt Höfundr; hann var bæði forspár ok spakr at viti, ok var dómandi allra mála yfir þeim ríkjum, er þar váru í nánd; hann dœmdi aldri rangan dóm, ok engi þorði, nè þurfti, at rjúfa hans dóma.

Maðr hèt Hergrímr, hann var risi ok bergbúi; hann nam af Ýmislandi Ámu Ýmisdóttur[3] ok fèkk síðan. Þeirra sun var Hergrímr hálftröll; hann var stundum með berg-risum, en stundum með mönnum; hann hafði afl sem jötnar; hann var allfjölkunnugr ok berserkr mikill; hann nam af

---

1) Álfheimar. — 2) e. h. Glæsisvellir. — 3) Rettet fur: Ámu dóttur Ýmisdóttur.

3

Jötunheimum Ögn Álfasprengi, ok fèkk síðan. Grímr[1] hèt
sun þeirra. Hana hafði fest Starkaðr Áludrengr, [hann var
kominn af þussum; Stórvirkr[2] hèt faðir hans.] Hann hafði
átta henðr. Hann var farinn norðr um Álufossa[3], ok var
hón þá brott tekin; en er hann kom heim, þá drap hann
Hergrím á hólmgöngu. [Þeir börðusk við inn efsta foss at
Eyði.] Ögn lagði sik sverði í gegnum, ok vildi ekki giptask
Starkaði.
  [Álfr hèt konungr, er rèð fyrir Álfheimum; Álfhildr
hèt dóttir hans. Álfheimar hètu þá á milli Gautelfar ok
Raumelfar. Eitt haust var gört dísablót mikit hjá Álfi
konungi, ok gekk Álfhildr at blótinu; hón var hverri konu
fegri, ok allt fólk í Alfheimum var fríðara at sjá, enn annat
fólk því samtíða; en um nóttina, er hón rauð hörginn, nam
Starkaðr Áludrengr Álfhildi á burt, ok hafði hana heim með
sèr. Álfr konúngr hèt þá á Þór, at leita eptir Álfhildi, en
síðan drap Þórr Starkað][4]. Fór þá Álfhildr til frænda sinna,
ok var Grímr með henni, þar til er hann fór í hernað, ok
varð inn mesti hermaðr. Hann fèkk Bauggerðar, dóttur
[Álfhildar ok] Starkaðs Áludrengs. Hann fèkk sèr bústað
í ey þeirri á Hálogalandi, er Bólm heitir; hann var kallaðr
Eygrímr Bólmr. Sun þeirra Bauggerðar hèt Arngrímr ber-
serkr, er síðan bjó í Bólm, ok var inn ágætasti maðr.
  2. Konungr hèt Sigrlami, svá er sagt, at hann væri
sun Óðins. [Hánum fèkk Óðinn þat ríki, sem nú er kallat
Garðaríki. Sigrlami átti Heiði, dóttur Gylfa konungs; þau
áttu sun saman, sá hèt Svafrlami. Sigrlami fèll í orrustu,
er hann barðisk við Þjassa jötun. Nú sem Svafrlami frètti

---

1) Gunnarr. — 2) Stórkvlðr.
3) Ulæseligt i membranen: afskriften har Álupolla, der vistnok skal være
Álufossa (Ölfossa), som findes foran i papirshåndskrifterne.
4) Membr. har kun: Eptir þat nam Starkaðr Álfhildi, dóttur Álfs konungs úr Álf-
heimum, en Þórr drap Starkað.

fall föður síns, tók hann undir sik ríki þat allt til forráða, sem faðir hans hafði átt; hann varð ríkr maðr.] [1]

Ok einn dag er konungr reið á veiðar, ok hann varð einn sinna manna, — hann sá einn stein mikinn við sólarsetr, ok þar hjá dverga tvá. Konungr vígði þá utan steins með málasaxi [2]; þeir beiddu fjörlausnar. Konungr mælti: „hvat heiti þèr?" Annarr nefndisk Dvalinn [3], en annarr Dulinn [4]. Konungr mælti: „af því at þit erut allra dverga hagastir, þá skulu þit göra mèr sverð, sem bezt kunni þit; hjöltin ok meðalkaflinn skal vera af gulli; þat skal svá bíta járn, sem klæði, ok aldri ryðr á festask; því skal fylgja sigr í orrustum ok einvígjum, hverjum er berr." Þessu játa þeir. Konungr ríðr heim. En er stefnudagr kemr, ríðr konungr til steinsins; eru þá dvergarnir úti, ok fengu konungi sverðit, ok var it fríðasta. En er Dvalinn stóð í steinsdurum, þá mælti hann: „sverð þitt, Svafrlami! verðr manns bani hvert sinn er brugðit er, ok með því skulu unnin vera þrjú níðings-verk hin mestu; þat skal ok verða þinn bani." Þá hjó konungr sverðinu til dverganna, hlupu þeir í steininn; höggit kom ok í steininn, ok fal báða eggteina, því at dyrrnar lukusk aptr á steininum. Konungr kallaði sverðit Tyrfing, ok bar hann þat jafnan síðan í orrustum ok einvígjum, ok hafði jafnan sigr. [Hann felldi Þjassa jötun í einvígi, föðurbana sinn, en tók dóttur hans, þá er Fríðr hèt, ok átti hana síðan.] Konungr átti dóttur, er hèt Eyfura [5]; hón var kvenna vænst ok vitrust.

3. Arngrímr var þá í víking í Austrveg um Bjarmaland; hann herjaði í ríki Sigrlama konungs, ok átti orrustu við hann, ok áttusk þeir vápnaskipti við, ok hjó konungr til

---

1) *Membr. kortere:* hans sun hèt Svafrlami, hann tók ríki eptir föður sinn; hann var inn mesti hermaðr.
2) málsjárni. — 3) Dúrinn (Dýrinn).
4) Dvalinn. — 5) Eyvöra.

hans. Arngrímr kom fyri sik skildinum, (hann hafði aftaks-
skjöld mikinn, settan stórum járnslám), ok tók af skjaldar-
sporðinn, ok nam sverðit í jörðu staðar. Þá hjó Arngrímr
af konungi höndina, ok fèll þá niðr Tyrfingr. Arngrímr
þreif ʒsverðit Tyrfing, ok hjó með konunginn fyrst, ok síðan
marga aðra. Tók hann þar herfang mikit, ok flutti brott
með sèr Eyfuru konungsdóttur, ok flutti hann hana heim
til bús síns í Bólm [1]. Hann átti með henni tólf sonu:
Angantýrr var elztr, þá Hervarðr, þá Hjörvarðr, Sæmingr
ok Hrani, Brami, Barri, Reifnir, Tindr ok Búi, ok tveir
Haddingjar [2], ok unnu þeir báðir eins verk, því at þeir váru
tvíburar ok yngstir; en Angantýrr vann tveggja verk, hann
var ok höfði hærri enn aðrir menn. Allir váru þeir berserkir
ok umfram aðra menn at afli ok áræði. En þó at þeir
fœri í hernað, þá váru þeir aldri fleiri á skipi enn þeir tólf
brœðr. Þeir fóru víða um lönd at herja, ok váru mjök sigr-
sælir, ok urðu inir frægstu. Faðir þeirra hafði tekit í hernaði
þau ágætustu vápn, þar er hann hafði barizk. Angantýrr
hafði Tyrfing, en Sæmingr Mistiltein [þann sótti Þráinn
síðan í haug hans], Hervarðr Hrotta [3], ok allir höfðu þeir
ágæt hólmgönguverð. En þat var siðvenja þeirra, þá er
þeir váru með sínum mönnum einum, at þá er þeir fundu
at berserksgangr kom at þeim, fóru þeir á land upp, ok
brutusk við skóga eða stóra steina; því at þeim hafði þat
at váða orðit, at þeir höfðu drepit menn sína ok hroðit
skip sín, þá er berserksgangr fór at þeim; stórar sagur [4])
fóru af þeim ok mikil frægð.

Sú náttúra fylgði Tyrfingi, at hvert sinn er hann var
úr slíðrum dreginn, þá lýsti af sem af sólargeisla, þó at .

---

[1]) Arngrímr fór með konu sinni Eyfuru norðr til ættleifðar sinnar, ok nam staðar í
ey þeirri er Hólms hèt.
[2]) Haðingjar. — [3]) Rettet for brota. — [4]) sögur.

myrkt væri, ok hann skyldi slíðra með vörmu mannsblóði;
ekki lifði þat ok til annars dags, er blœddi af hánum; hann
er mjök frægr í öllum fornsögum [1].

4. Einn jólaaptan í Bólm þá strengði Hjörvarðr [2] heit
at bragarfulli, sem siðvenja var til, at hann skyldi eiga dóttur
Yngva konungs at Uppsölum [3], Ingibjörgu, þá mey er fegrst
var ok vitrust á danska tungu, eða falla at öðrum kosti, ok
eiga enga konu aðra. Eigi er sagt af fleirum heitstreng-
ingum þeirra.

Þat sumar fóru þeir brœðr til Uppsala í Svíaríki, ok
gengu inn í höllina, ok segir Hjörvarðr [4] hánum heit-
strenging sína, ok þat með, at hann vill fá dóttur hans;
allir hlýddu er inni váru. Angantýrr [5] bað konung segja skjótt
hvert þeirra erindi skyldi vera. Í því bili stè fram yfir
borðit Hjálmarr inn hugumstóri, ok mælti til konungs: „minn-
isk, herra, hversu mikla sœmd ek hefir þèr unnit, síðan
ek kom í yðart ríki, ok í mörgum lífsháska fyrir yðr verit;
ok fyri mína þjónustu bið ek, at þèr giptit mèr dóttur yðra;
þykkisk ek ok makligri mína bœn at þiggja enn berserkir
þessir, er hverjum manni göra illt.” Konungr hugsar fyri
sèr, ok þykkir þetta mikill vandi, hversu þessu skal svara,
svá at minnst vandræði mætti af standa, ok svarar um síðir:
„þat vil ek, at Ingibjörg kjósi sèr sjálf mann, hvern hón
vill hafa.” Hón segir: „ef þèr villt mik manni gipta, þá
vil ek þann eiga, er mèr er áðr kunnigr at góðum hlutum,
en eigi þann, er ek hefir ekki af annat enn sögur einar, ok
allar illar.” Angantýrr [5] mælti: „ekki vil ek hnippask orðum
við þik, því at ek sè, at þú elskar Hjálmar; en þú, Hjálm-

---

1) *Dette stykke står senere i membr.*
2) *Indsat efter den anden membran for* Angantýr.
3) Ingjalds Sviakonungs.
4) *Navnet er indsat efter den anden membran.*
5) Hjörvarðr.

arr, kem suðr á Sámsey til hólmgöngu við mik, ella ver
hvers manns níðingr, ef þú kemr eigi at miðju sumri at
ári."· Hjálmarr kvað sik ekki dvelja at berjask. Fóru Arn-
gríms synir heim til föður síns, ok sögðu hánum svá gört;
hann kvazk ekki fyrr hafa óttask um þá enn nú; „því at
hvergi veit ek Hjálmars maka vera at hreysti ok harðfengi,
fylgir hánum ok einnig sá kappi, er hánum gengr næst til
afls ok áræðis." Lètta þeir nú svá sínu tali.

Váru þeir heima um vetrinn; ok um várit bjuggusk
þeir heiman, ok fóru fyrst til Bjartmars jarls (jarl sá rèð
fyrir Aldeigjuborg), ok tóku þeir þar veizlu. Ok um kveldit
beiddisk Angantýrr, at jarl gipti hánum dóttur sína[1]; ok þetta
sem annat var gört eptir þeirra vilja, at brúðlaup var gört;
ok síðan bjuggusk Arngríms synir brott. Ok þá nótt áðr
þeir fara dreymdi Angantýr draum, ok sagði jarli: „ek
þóttisk vera staddr í Sámsey ok brœðr mínir; þar fundu
vèr marga fúgla, ok drápum alla, er vèr sám; ok síðan
þótti. mèr, sem þeir snèri annan veg á eyna, ok flugu móti
oss ernir tveir, ok gekk ek móti öðrum, ok áttumsk vèr
hart viðrskipti saman; ok um síðir settumsk vèr niðr, ok
várum til enkis fœrir; en annarr arinn átti við ellifu brœðr
mína, ok vann alla þá." Jarl segir, at þann draum þurfti
ekki at ráða, „þar var þèr sýnt fall ríkra manna, ok ætla
ek stappi nær yðr brœðrum." Þeir kváðusk því ei kvíða
mundu. Jarlinn mælti: „allir fara, þá er feigðin kallar;"
ok lyktask síðan tal með þeim.

En er þeir brœðr koma heim, búask þeir til hólmstefnu,
ok leiðir faðir þeirra þá til skips, ok gaf þá sverðit Tyrfing
Angantýr: „hygg ek," sagði hann, „nú muni þörf vera góðra
vápna, því þèr berlsk við þá fræknustu fullhuga;" hann
biðr þá nú vel fara; eptir þat skiljask þeir.

---

1) *Tillæg:* er Svafa hèt: *men í Hervörs sang í 7de kap.* er *kendes Navn Tóta.*

Ok er þeir brœðr koma til Sámseyjar, sjá þeir hvar vau skip liggja í höfn þeirri, er Unavágr [1] heitir; þau skip hètu askar, ok hundrað manns á hverju hinna vöskustu drengja. Þeir þóttusk vita, 'at Hjálmarr mundi þessi skip eiga ok Oddr hinn víðförli, er kallaðr var Örvaroddr. Ok þá brugðu Arngríms synir sverðum, ok bitu í skjaldarrendr, ok kom á þá berserksgangr; þeir gengu þá sex út 'á hvern askinn; en þar váru svá góðir drengir innan borða, at allir tóku sín vápn, ok engi flýði ór sínu rúmi, ok engi mælti æðruorð. En berserkirnir gengu með öðru borði fram, en öðru aptr, ok drápu þá alla; siðan gengu þeir á land upp grenjandi. Þá mælti Hjörvarðr: „elliglöp stríða nú á Arngrím föður várn, er hann sagði oss, at þeir Hjálmarr ok Oddr væri hinir hraustustu kappar, en nú sá ek öngvan duga öðrum framar.” Angantýrr svarar: „sökumsk ei um þat, þó vèr fyndim ei vára maka, má ok vera [2], at þeir Oddr ok Hjálmarr sè enn eigi dauðir”. Hjálmarr ok Oddr höfðu gengit upp á eyna at vita, ef berserkirnir væri komnir; ok er þeir gengu ór skóginum til skipa sinna, þá gengu berserkir út af skipum þeirra með blóðgum vápnum ok brugðnum sverðum; ok var þá genginn af þeim berserksgangrinn, en þá verða þeir máttminni enn þess á milli sem eptir nökkurs kyns sóttir. Þá kvað Oddr:

Þá var mèr ótti
einu sinni,
er þeir grenjandi
gengu af öskum,
ok emjandi
á ey stigu,
tírarlausir,
váru tólf saman.

---

[1] eller Munarvagr. *Efter andre to forskellige harne.* — [2] rettet for skè.

Þá mælti Hjálmarr til Odds: „sèr þú nú, at fallnir eru menn okkrir allir, ok sýnisk mèr nú líkast, at vèr munum allir Óðin gista í kveld í Valhöllu;" ok þat eitt segja menn at Hjálmarr hafi mælt æðruorð. Oddr segir: „en ek nenni eigi at gista Óðin í kveld, ok skulu þessir allir dauðir, berserkirnir, áðr kveld sè, en vit tveir lifa. Þetta viðrmæli þeirra sanna þessar vísur, er Hjálmarr kvað:

> Fara halir hraustir
> af herskipum,
> tólf menn saman
> tíralausir;
> vit munum í aptan
> Óðin gista
> tveir berserkir
> en þeir tólf lifa.

Oddr svarar:

> Því mun ek orði
> andsvör veita:
> þeir munu í aptan
> Óðin gista
> tólf berserkir,
> en vit tveir lifa.

Berserkirnir sóttu nú á móti þeim með brugðnum sverðum, váru alblóðgir, ok einn var höfði hærri enn aðrir. Þeir Hjálmarr sjá, at Angantýrr hefir Tyrfing í hendinni, því at lýsti af hánum sem sólargeisla. Hjálmarr mælti: „hvárt viltu heldr eiga við Angantýr einn eðr við brœðr hans ellifu?" Oddr svarar: „ek vil berjask við Angantýr, hann mun gefa stór högg með Tyrfingi, en ek trúi betr skyrtu minni, enn brynju þinni, til hlífðar." Hjálmarr mælti: „hvar komu vit þar til orrustu, at þú gengir fram fyrir mik; því viltu berjask við Angantýr, at þèr þykkir þat meira þrekvirki: nú em ek höfuðsmaðr' þessarrar hólmgöngu; hèt ek öðru konungsdóttur heima í Svíþjóðu, enn láta þik eðr annan ganga í þetta einvígi fyri mik, ok skal ek berjask við Angantýr." Ok brá hann þá sverðinu, ok gekk fram í móti Angantýr; ok vísaði hvárr öðrum til Valhallar. Snúask þeir í móti Hjálmarr ok Angantýrr ok láta skamt stórra höggva á milli.

Oddr kallar á berserkina, ok kvað:

> Einn skal við einn
> eiga, néma sè deigr [1],
> hvatra drengja,
> eðr hugr bili.

Þá gekk fram Hjörvarðr, ok áttusk þeir Oddr við hart vápnaskipti, en silkiskyrta Odds var svá traust, at ekki vápn festi á, en hann hafði sverð svá gott, at svá beit brynju sem klæði; ok fá högg hafði hann veitt Hjörvarði, áðr hann fèll dauðr. Þá gekk til Hervarðr, ok' fór sömu leið; þá Hrani, þá hverr at öðrum; en Oddr veitti þeim svá harða atsókn, at alla felldi hann þá ellifu brœðr. En frá leik þeirra Hjálmars er þat at segja, at hann fèkk sextán sár, en Angantýrr fèll dauðr.

Oddr gekk þar til er Hjálmarr var, ok kvað:

Hvat er þèr, Hjálmarr,	hjálmr er þinn höggvinn
hefir þú lit brugðit,	ok in síða brynja [2],
þik kveð ek mœða	nú kveð ek fjörvi
margar undir;	of [3] farit þínu.

---

1) ell. Einn skal við einn orrustu heyja. — 2) ell. ok á hlið brynja. 3) rettet for ok.

Hjálmarr kvað:

Sár hefi ek sextán,
slitna brynju,
svart er mèr fyrir sjónum,
sèkat ek [1] ganga;
hneit mèr við hjarta
hjörr Angantýrs,
hvass blóðrefill,
herðr í eitri.

Ok enn kvað hann:

Áttak at fullu
fimm tún saman,
en ek því aldri
unda ráði [2];
nú verð ek liggja
lífs andvani,
sverði sundraðr,
í Sáms eyju.

Drekka í höllu ·
húskarlar mjöð,
menjum [3] göfgir
at míns föður [4];
mœðir marga
munngát-fenja [5],
en mik eggja spor
í eyju þjá.

Hvarf ek frá hvítri
hlaðbeðs gunni [6]

á Agnafit
utanverðri;
saga mun sannask,
sú er hón sagði mèr,
at aptr koma
eigi mundak.

Drag þú mèr af hendi
hringinn rauða,
fær þú inni ungu
Ingibjörgu!
Sá mun henni
þugfastr tregi,
er ek eigi kem
til Uppsala.

Hvarf ek frá fögrum
fljóða söngvi,
útrauðr gamans,
austr við Sóta;
för skundaðak,
ok fórk í lið
hinsta sinni
frá hollvinum.

Hrafn flýgr austan
af hám meiði [7],
flýgr hánum eptir
örn í sinni;
þeim gef ek erni
efstum bráðir,

---

1) *sat for* seka se ek. — 2) *ell.* en ek unda þó   aldri á láðl. — 3) menn mjök.
4) *ell.* Drekkr með jöfri   Jarla mengl   öl glaðliga   at Uppsölum. — 5) munngát
fírða. — 6) hlaðs beðgungi *ell.* hlaðbeðs gungi, *membr.* — 7) *ell.* af Hamarheiði.

sá mun á blóði
bergja mínu.

Eptir þat deyr Hjálmarr.

Oddr segir þessi tíðindi heim í Svíþjóð; en konungs dóttir má eigi lifa eptir hann, ok ræðr sèr sjálf bana. Angantýrr ok brœðr hans váru lagðir í haug á Sámsey með öllum vápnum sínum.

6. Nú er þar til at taka, at dóttir Bjartmars jarls fœddi meybarn, ok þótti flestum ráð, at út væri borit, ok sögðu, at eigi mundi konuskap hafa, ef föðurfrændum yrði líkt. Jarl lèt ausa vatni ok upp fœða, ok kallaði Hervöru, ok sagði, at eigi var þá aldauða ætt Arngríms suna, ef hón lifði. En er hón vóx upp, þá var hón fögr; hón tamdi sik meirr við skot ok skjöld ok sverð enn við sauma ok borða; hón var mikil ok sterk, ok þegar hón mátti nökkut, görði hón ok optar[1] illt enn gott; ok er henni var þat meinat, þá hljóp hón út á skóga, ok drap menn til fjár sèr. En er jarl varð þess varr, þá lèt hann taka hana, ok fœra heim, ok var hón þá heima um stund.

Þat var eitt sinn, at Hervör var úti stödd því nær, er þrælar nökkurir váru, ok görði hón þeim illt sem öðrum. Þá mælti einn þrællinn: „þú, Hervör, vilt illt eitt göra, ok ills er at þèr ván, ok því bannar jarl öllum mönnum at segja þèr þitt faðerni, at hánum þykkir skömm ein, at þú vitir þat; því at inn versti þræll lagðisk með dóttur hans, ok ertu þeirra barn. Hervör varð við þessi orð afarreið, gengr þegar fyri jarl, ok kvað:

Áka ek várri	þótt hón Fróðmars[2]
vegsemd hrósa,	fengi[3] hylli,

---

1) hvárki. — 2) Navnet er usikkert. — 3) fengin.

föður hugðumk[1]
fræknan eiga,
nú er sagðr fyri mèr
svínahirðir.

Jarl kvað:

Logit er margt at þèr
lítil[2] of frètt
(frækinn) með fyrðum
faðir þinn taliðr;
stendr Angantýrs[3]
ausinn moldu
salr[4] í Sámsey
sunnanverðri.

Hón kvað:

Nú fýsir mik,
fóstri, at vitja
framgènginna
frænda minna;
auð mundu þeir
eiga nógan,

þann skal ek öðlask,
nema ek áðr förumk[5].

Skal skjótliga
um skör búa
blæis líni,
áðr braut fari;
mikit býr í því,
er á morgun skal
skera bæði mèr
skyrtu ok ólpu[6].

Síðan mælti Hervör við
móður sína, ok kvað:

Bú þú mik at öllu,
sem þú hvatast kunnir,
sannfund[7] kona,
sem þú sun mundir;
fátt eitt mun
mèr í svefn bera[8],
fæ ek ekki hèr
yndi[9] it næsta[11].

7. Litlu síðar hvarf hón ein saman með karlmanns búnaði ok vápnum, ok fór til víkinga, ok fár með þeim um stund, ok nefndisk Hervarðr[11]; ok litlu síðarr dó höfðingi víkinga, ok tók þá Hervarðr forræði liðsins.

---

1) *indsat for* hugðumsk ek. — 2) lýti. — 3) Angantýr. — 4) halr.
5) *indsat for* förumsk *eller* förunst. — 6) *omsat for* ólpu ok skyrtu.
7) sannpráð. — 8) satt eitt mun mèr í svefn (*ell.* sinnu) bera. — 9) yndis.
10) *Isteden for alt det foregående har membranen:* Hón kemr at Jarli einn dag, ok mælti: „brott vil ek hèðan, því at ekki fæ ek hèr yndi.“
11) Hjörvarðr.

Ok eitt sinn, er þeir komu til Sámseyjar, gekk Hervarðr á land, ok vildi engi hans manna fylgja hánum; því at þeir sögðu þar engum manni duga um nætr úti at vera. Hervarðr kvað vera mikla févan í haugunum, ok fór á land, ok gekk upp á eyna nær sólargladaa [1]. Þeir lágu í Munarvági; þar hitti hón hjarðarsvein einn, ok spurði hann tíðinda; hann segir: „er þèr úkunnigt hèr í eyjunni, ok gakk heim með mèr, því at hèr dugir engum manni úti at vera eptir sólar-setr, ok vil ek skjótt heim." Hervarðr svarar: „seg mèr, hvar Hjörvarðs haugar heita." Sveinninn svarar: „vanfarinn ertu, er þú vilt þat forvitnask um nætr, er fárr þórir á miðjum dögum, ok brennandi eldr leikr þar yfir, þegar sól gengr undir." Hervarðr kveðsk at vísu skyldu vitja haug-anna. Fèhirðir mælti: „ek sè, at þú ert drengiligr maðr, þó at þú sèr úvitr; þá vil ek gefa þèr men mitt, ok fylg mèr heim!" Hervarðr segir: „þó at þú gefir mèr allt þat, er þú átt, fær þú mik eigi dvalit." En er sólin settisk, görðusk dunur miklar út á eyna, ok hlupu upp hauga eld-arnir; þá hræddisk fèhirðir, ok tók til fóta, ok hljóp í skóginn, sem mest mátti hann, ok sá aldri aptr. Þetta er kveðit eptir viðrœðu þeirra:

Hitt hefir mær ung
í Munarvági
við sólarsetri
segg at hjörðu:
„Hverr einn saman [2]
í ey kominn?
gakktu greilliga [3]
gistingar til!"

„Munkat ek ganga
gistingar til,
því at ek engan kann
eyjarskeggja;
segðu hraðliga,
áðr hèðan líðir,
hvar eru Hjörvarði
haugar kenndir?"

1) í þann tíma er sól settisk.
2) hverr er ýta. — 3) sýsliga.

„Spyrjattu at því,
spakr ertu eigi,
vinr víkinga,
þú ert vanfarinn;
förum fráliga,
sem okkr fœtr toga,
allt er úti
ámátt firum [1].”

„Men bjóðum þèr
máls at gjöldum,
muna drengja vin
dælt at letja.”
„Fær engi mèr svá
fríðar hnossir,
fagra bauga,
at ek fara eigi.”

„Heimskr þykki mèr,
þá er hèðra ferr
maðr einn saman
myrkvar grímur;

hyrr er á sveimun,
haugar opnask,
brennr fold ok fen,
förum harðara!”

„Hirðum-at fælask
við fnösun [2] slíka,
þótt um alla ey
eldar brenni;
látum ei okkr
liðna rekka [3]
skjótla skelfa,
skulum við talask.”

Var þá fèhirðir
fljótr til skógar
mjök frá máli
meyjar þessar;
en harðsnúinn
hugr í brjósti
um sakar slíkar
svellr Hervöru [4].

Hón sá nú hauga-eldana ok haugbúa úti standa, ok gengr til hauganna, ok hræðisk ekki; ok óð hón eldana sem reyk [5], þar til er hón kom at haugi berserkjanna. Þá kvað hón:

---

[1] allt er vitl   á nátt firum *ell.* allt er út·   á náttförum.
[2] þrösun. — [3] *omsat for:* rekka liðna.
[4] *Nogen omsætning af disse strofer var nødvendig, og finder sin hjemmel såvel i den nestforegående fortælling som tildels i håndskrifterne.*
[5] sem myrkva þoku.

Vaki þú, Angantýrr,
vekr þik Hervör,
einka [1] dóttir
ykkur Tófu [2];
sel þú mèr ór haugi
hvassan mæki,
þann er Svafrlama
slógu dvergar.

Hervarðr ok Hjörvarðr,
Hrani, Angantýrr,
vek ek yðr alla
unðir viðarrótum,
hjálmi ok með brynju,
hvössu sverði,
rönd ok með reiði,
rodnum geiri [3].

Mjök erut orðnir,
Arngríms synir,
megir meinsamir
at moldar auka [4],
er engi skal [5]
suna Eyfuru
við mik mæla
í Munarvági [6].

Hervarðr, Hjörvarðr,
Hrani, Angantýrr,
svá sè yðr öllum
innan rifja,

sem þèr í maura
mornit haugi [7],
nema sverð sellt mèr,
þat er sló Dvalinn,
samir ei draugum
dýr vápn fela.

Þá svarar Angantýrr:

Hervör dóttir,
hví kallar svá
full feiknstafa,
ferr þú þèr at illu;
œr ertu orðin
ok örvita,
vill hyggjandi,
vekr menn dauða.

Grófat mik faðir [8],
nè frændr aðrir,
þeir höfðu Tyrfing
tveir er lifðu,
varð þó eigandi
einn um síðir.

Hón svarar:

Seg þú einn satt mèr [9]
svá láti Áss þik
heilan í haugi,
sem þú hefir eigi

---

1) rettet for einga. — 2) Svöfu, Sváfu. — 3) röndum skrýddir ok roðnum geiri. — 4) rettet for: megir at meinsamir moldar auka. — 5) görir. — 6) ur munar heimi. — 7) hauga. — 8) faðir ok ei niðr, ell. faðir niðr. — 9) Segir þú ei satt.

Tyrfing með þèr;
trautt er þèr at veita
arfa þínum
einar bœnir [1].

Þá var sem einn logi væri
allt at líta um haugana, er opnir
stóðu. Þá kvað Angantýrr:

Hnigin er helgrind [2],
haugar opnask,
allr er í eldi
eybarmr at sjá [3];
atalt er úti
um at litask;
skyndtu, mær, ef þú mátt,
til skipa þinna.

Hón svarar:

Brenni þèr ei svá [4]
bál á nóttum,
at ek við elda   .
yðra fælumk [5];
skelfrat meyju
muntún hugar,   ·
þó at hón draug sjái
í durum standa.

Þá kvað Angantýrr:

Segi ek þèr, Hervör,
hlýttu til meðan,

vísa dóttir,
þat er verða mun:
sjá mun Tyrfingr,
ef þú trúa mættir,
ætt þinni, mær,
allri spilla.

Muntu sun geta,
þann er síðan mun
Tyrfing bera,
ok trúa afli [6];
þann munu Heiðrek
heita lýðar,
sá man ríkstr alinn
und röðuls tjaldi.
.
Hón kvað:

Ek vígi svá
virða dauða,
at þèr skulut   ·
allir liggja
dauðir með draugum
í dys fýnir [7];
sel mèr [8], Angantýrr,
út ór haugi,
hlífum hættan
Hjálmars bana.

Hann segir:

Kveðkat ek þik, mær ung,
mönnum líka,

---

[1]) trauðr ertu,   arf at veita   einga barni. — [2]) helgrund.
[3]) allt er í eldi   eygríms sjá. — [4]) Brennit eigi svá. — [5]) *indsat for* fælumz.
[6]) magni. — [7]) fölvir. — [8]) nema selir mer.

18   ʹ

er þú um bauga
hvarfar [1] á nóttum
gröfnum geiri
ok með gota málmi [2],
hjálmi ok með brynju
fyrir hallar dyrr. .

Hón kvað:

Maðr þóttumk [3] ek
mennskr til þessa,
áðr ek sali yðra
sœkja hafðak [4];
sel þú mèr ór haugi
þann er hatar brynjur,
dverga smíði,
dugir ei þèr at leyna.

Angantýrr kvað:

Liggr mèr und herðum
Hjálmars bani,
allr er hann utan
eldi sveipinn;
mey veit ek enga
moldar hvergi [5],
at þann hjör þori
í hendr nema.

Hón segir:

Ek man hirða
ok í hendr nema,
hvassan mæki,
ef ek hafa mættak;
uggi ek eigi
eld brennanda,
þegar loga lægir,
er ek lít yfir [6].

Hann kvað:

Heimsk ertu, Hervör,
hugar eigandi,
er þú at augum [7]
í eld hrapar;
ek vil heldr selja þèr
sverð ór haugi,
mær in unga,
mákat ek þèr synja.

Var þá kastat út sverðinu í
hönd Hervarar.

Hón kvað:

Vel görðir þú,
víkinga niðr,

---

1) hvarflar. — 2) málum.
3) *her findes den rette form:* þotome ek.
4) réðak.
5) fyri mold ofan.
6) Hygg ek eigi   eld brenna þann,   er framliðnum firðum   leikr um sjónir.
7) *for* at augam: allgunn.

er þú seldir mèr
sverð ór haugi;
betr þykkjumk nú,
buðlungr [1], hafa,
enn ek Noregi
næðak öllum.

Hann kvað:

Veizt eigi þú,
vesöl ertu mála,
fáráð [2] kona,
hverju [3] fagna skal;
sjá mun Tyrfingr,
ef þú trúa mættir,
þinni ætt, mær,
allri spilla.

Hón segir:

Ek mun ganga
til gjálfr mara [4],
nú er hilmis mær
í hugum [5] góðum;
lítt hræðumk [6] þat,
lofðunga niðr,
hve synir mínir
síðan deila.

Hann kvað.

Þú skalt eiga
ok una lengi,
hafðu á huldu,
Hjálmars bana;
takattu á eggjum,
eitr er í báðum,
sá er manns mjötuðr [7]
meini verri.

Far vel, dóttir,
fljótt gæfa ek þèr
tólf manna fjör,
ef þú trúa mættir,
afl ok eljun,
allt it góða,
þat er synir Arngríms
at sik leifðu.

Hón kvað:

Búi þèr allir,
brott fýsir mik,
heilir í haugi,
hèðan vil ek skjótla;
helzt þóttumk nú
heima í millim,
er mik umhverfis
eldar brunnu.

Síðan gekk hón til skipa; ok er lýsti, sá hón, at skipin
váru brottu, höfðu víkingar hræðzk dunur ok elda í eynni;
fær hón sèr far þaðan, ok er ekki um hennar ferð getit,

---

1) bragningr. — 2) *gættet* for *fáráð*. — 3) hvi. — 4) manna. — 5) huga.
6) rekl ek. — 7) mataðr.

fyrr enn hón kemr á Glasisvöllu til Guðmunðar, ok var hón þar um vetrinn, ok nefndisk enn Hervarðr.

8. Guðmundr konungr hafði mikit fjölmenni; hann var þá svá gamall, at þat er sögn manna, at hann skorti ei um hundrat vetr, ok var þó fullhraustr. Höfundr sun hans var þá fullroskinn, ok var hann þá at öllum stórmálum kallaðr.

Einn dag, er Guðmundr lèk skáktafl, ok hans tafl var mjök svá farit; hánum gekk miðr, ok var búit við máti; þá spurði hann, ef nökkurr kynni hánum ráð til at leggja. Þá gekk til Hervarðr, ok lagði litla stund til, áðr Guðmundar var vænna. Hervarðr hafði lagt Tyrfing í sæti sitt, meðan hann gekk at taflinu. Þá tók maðr upp Tyrfing, ok brá; þat sá Hervarðr, ok þreif af hánum sverðit, ok drap hann, ok gekk út síðan; menn vildu hlaupa eptir hánum. Þá mælti Guðmundr: „verit kvirrir[1]! ekki man svá mikil hefnd í manninum, sem þèr ætlit, því at þèr vitit ekki, hverr hann er, man þessi kvennmaðr yðr dýrkeyptr, áðr þèr fáit hans líf."

Síðan var Hervarðr langa stund í hernaði, ok varð mjök sigrsæl; ok er henni leiddisk þat, fór hón heim til jarls, móðurföður síns; fór hón þá fram sem aðrar meyjar, at hón vandisk við borða ok handyrðir. Tók hón þá at görask vinsæl ok veitul af peningum, fór ok mikit orð af fríðleik hennar. Þetta spyrr Höfundr, sun Guðmundar, ok ferr hann, ok biðr Hervarar, ok fær, ok flytr heim. Höfundr var manna vitrastr, ok svá rèttdœmr, at hann hallaði aldri rèttum dómi, hvárt sem í hlut áttu innlenzkir eðr útlenzkir, ok af hans nafni skyldi sá höfundr heita í hverju ríki, er mál manna dœmdi.

Þau Hervör áttu tvá sunu, hèt annarr Angantýrr, en annarr Heiðrekr; báðir váru þeir miklir menn ok sterkir,

1) kyrrir.

vitrir ok vænir. Angantýrr var líkr feðr sínum at skaplyndi, ok vildi hverjum manni gott; Höfundr unni hánum mikit, ok þar með öll alþýða; ok svá·margt gott, sem hann görði, þá görði Heiðrekr enn fleira illt; Hervör unni hánum mikit. Fóstri Heiðreks hèt Gizurr.

Ok einn tíma, er Höfundr görði veizlu, var öllum höfðingjum tilboðit í hans ríki, utan Heiðreki; hánum líkaði þat illa, ok kvað vænt at göra veizluspjöll í höll föður síns; Gizurr afrèð hánum þat, ok kvað annat vænligra, enn fara þangat til stríðs föður sínum; — ok fór allt at einu, ok kveðsk skyldu göra þeim nökkut illt. Ok er hann kom í höllina, stóð Angantýrr upp í móti hánum, ok bað hann sitja hjá sèr. Heiðrekr var ekki kátr; hann sat lengi um kveldit, síðan Angantýrr var genginn; hann snèrisk þá til þeirra manna, er hjá hánum sátu, ok kom hann svá sinni rœðu við þá, at þeir heituðusk við [1]; ok er Angantýrr kom aptr, bað hann þá þegja. Ok öðru sinni, er Angantýrr gekk út, minnti Heiðrekr þá á sitt mál, ok kom þá svá, at hvárr sló annan með hnefa; kom þá enn Angantýrr aptr, ok sætti þá til morgins. Ok it þriðja sinn, er Angantýrr gekk brott, þá mælti Heiðrekr til þess, er sleginn var, hví hann þyrði eigi at hefna sín, ok kvað eigi hœfa blauðum manni vín at drekka; ok svá kom hans fortölu, at sá hljóp upp, er sleginn var, ok drap fèlaga sinn. Heiðrekr hló at þessu ok mælti, at veizlan væri at rausnarligri, er rauðr lögr rynni um dúka. Þá kom Angantýrr inn, ok lèt illa yfir þessu verki. En er Höfundr varð þessa varr, bað hann Heiðrek flýja ór hans ríki, eða fá ella dauða. Gekk þá Heiðrekr út, ok með hánum bróðir hans; þar kom þá móðir hans, ok fèkk hánum Tyrfing. Þá mælti Heiðrekr: ,,eigi veit ek, nær ek get svá mikinn mun gört föður míns ok móður, sem

---

1) at þeir urðu rangsáttir.

þau göra mín; faðir minn görir mik útlægjan, en móðir mín
gaf mèr Tyrfing, er mèr þykkir betra enn mikit ríki; ok
skal ek göra þat eitthvert, er hánum má verst þykkja;" ok
brá þá sverðinu, ok lýsti af mjök ok sindraði; hann eyskraði
þá mjök, ok hèlt við berserksgang. Nú með því, at þeir
brœðr váru tveir saman, en Tyrfingr varð manns banl hvern
tíma, er hánum var brugðit, þá hjó hann bróður sinn bana-
högg; ok vann hann fyrstr níðingsverk með sverðinu; þetta
var sagt Höfundi. Heiðrekr var þegar brottu í skógi. Höf-
undr lèt göra erfi eptir sun sinn, ok var Angantýrr hverjum
manni harmdauði.

Heiðrekr undi stórilla við verk sitt, ok var hann lengi
á skógum, ok skaut dýr ok fugla til matar sèr; en er hann
hugleiddi sitt mál, þa þótti hánum, sem eigi væri gott frá-
sagnar, ef engi vissi, hvat af hánum yrði; kom enn í hug,
at hann mætti enn verða frægr maðr af stórum verkum, sem
ættmenn hans inir fyrri. Fór nú heim, ok fann móður sína,
ok bað hana biðja föður sinn at ráða hánum heilræði at
skilnaði. Hón gekk fyrir Höfund, ok bað hann ráða syni
sínum heilræði. Höfundr svarar, kveðsk fá mundu kenna
hánum, en lèt hánum þó verr mundu í hald koma; hann
kveðsk ok ekki mundu fyrir hans bœn göra: Þat er it fyrsta,
at hann hjálpi eigi þeim manni, er drepit hefir lánardrottin
sinn; annat, at hann gefit eigi þeim manni frið, er drepit
hefir fèlaga sinn; þriðja, at kona hans sè eigi heimanförul
til frænda sinna; fjórða, at vera eigi síð úti hjá frillu sinni;
fimmta, at ríða eigi bezta hesti sínum, ef hann skal skynda;
sètta, at fóstra eigi sèr ríkara manns barn; þat it sjaunda,
at skyldi jafnan eiga kerski við komanda gest; þat it áttunda,
at setja aldri Tyrfing at fótum sèr [1]; „en ekki mun hann

1) þat sjaunda, at hann gangi aldri á grið sín; þat áttunda, at hann hafi aldri
marga hertekna þræla með sèr.

hafa af." Móðir hans segir hánum þessi heilræði. Heiðrekr
svarar: „með illum huga munu ráðin vera kennd, enda mun
ek ekki af hafa." Móðir . hans gaf hánum mörk gulls at
skilnaði, ok bað hann sèr jafnan láta í hug koma, hversu
bitrt hans sverð var, ok hversu mikit ágæti hverjum hefir
fylgt þeim, er bar, ok hversu mikit traust þeim er í hans
bitru eggjum, er þat berr í orrustu eða einvígjum, ok hversu
mikill sigr því fylgði; ok skildusk þau síðan.

Fór hann leið sína; ok er hann hafði eigi lengi farit,
þá mætti hann mönnum; þeir fóru með bundinn mann.
Heiðrekr spurði, hvat þessi maðr hefði gört; þeir sögðu hann
svikit hafa lánardrottin sinn; hann spurði, „vilt þèr fè fyrir
hann?" Þeir játuðu því. Hann leysti hann fyri hálfa mörk
gulls. Þessi maðr bauð hánum sína þjónustu; hann segir:
„eigi mantu mèr trúr úkunnum manni, er þú sveikt herra
þinn þann, er þú áttir mart gott at launa." Ok litlu síðarr fann
hann menn nökkura ok einn bundinn; hann spurði, hvat sá
hefði gört; þeir sögðu hann myrðt hafa fèlaga sinn. Hann
leysti hann fyrir aðra hálfa mörk gulls. Sjá bauð hánum
sína þjónustu, en hann neitaði. Síðan fór hann þar til, er
hann kom á Reiðgotaland. Hann fór á fund konungs þess,
er þar rèð fyrir, ok Haraldr hèt; hann var þá gamall;
konungr tók vel við hánum, ok dvaldisk hann með konungi
um hríð.

9.　Tveir jarlar höfðu herjat fyrr á ríki Haralds kon-
ungs, ok lagt undir sik; ok af því at hann var gamall,
þá lauk hann þeim skatt á hverju ári. Heiðrekr kom sèr
í vináttu við konung, ok svá kom um síðir, at hann görðisk
formaðr herskapar konungs, ok lagðisk hann í hernað, ok
görðisk brátt víðfrægr og sigrsæll. Hann herjar nú á jarla
þá, er undir höfðu lagt ríki Haralds konungs; varð með
þeim hörð orrusta. Heiðrekr vá með Tyrfingi, ok stóðsk

ekki við ħánum nú sem fyrr, því at þat beit svá stál sem
klæði. Ok um síðir drap hann jarlana báða, en allt þeirra
fólk flýði; ok fór hann síðan yfir ríkit, ok lagði undir
Harald konung, ok tók þar gisla til, ok fór hann síðan
heim. Ok gekk sjálfr Haraldr konungr móti hánum með
miklum veg, ok varð hann mjök frægr af þessu. Konungr
gipti hánum dóttur sína, er Helga hèt, ok gaf hánum hálft
ríki, ok varði Heiðrekr landit fyri báða þá, ok fór svá fram
um hríð.

Haraldr konungr átti sun í elli sinni; en annan sun
átti Heiðrekr, sá hèt Angantýrr. Síðan kom hallæri mikit á
Reiðgotaland, þat heitir nú Jútland, ok horfði til landsauðnar.
Síðan var felldr blótspánn[1], ok gekk svá frèttin, at eigi
mundi fyrri koma ár á Reiðgotaland, enn þeim sveini væri
blótat, er œztr væri á landinu. Heiðrekr segir sun Haralds
konungs vera œztan, en konungr kallaði sun Heiðreks vera
œztan; en ór því máli mátti engi leysa utan Höfundr, því
at þar váru allar órlausnir trúar. Heiðrekr fór þá á fund
föður síns, ok var hánum þar vel fagnat; beiddi hann nú
föður sinn dóms um þetta mál; Höfundr sagði hans sun
œztan vera í því landi. Heiðrekr mælti: „hvat dœmir þú
þá mèr fyri minn skaða?" Höfundr segir: „þú skalt skilja
þèr í móti annan hvern mann í hirð Haralds konungs[2]; síðan
þarf engi at kenna þèr ráð at slíkum her ok þínum skap-
lyndi." Síðan fór Heiðrekr heim, ok kvaddi þings, ok sagði
dóm föður síns: „at hann dœmdi sun minn til blóts, en
mèr til hugganar dœmdi hann mèr annan hvern mann þann
er með Haraldi konungi er, ok vil ek, at þèr sverìt mèr
þetta;" ok svá görðu þeir. Þá báðu bændr, at hann lèti
fram sun sinn, ok bœtti árferð þeirra. Heiðrekr mælti þá

---

[1] Váru þá görvir hlutir af visindamönnum ok felldr blótspánn til.
[2] þú skalt beiðask, at hinn gjörði hverr maðr sè á þinu valdi, sá er við blótit er
staddr, ella muntu ei láta sun þinn til blóts.

við sína menn, síðan skilt var liðit, þá beiddisk̈ hann af
nýju trúnaðareiða af sínum mönnum; ok þeir görðu þat, at
þeir [1] sóru hánum, at fylgja hánum utanlands ok innan til
þess, er hann vildi. Hann mælti þá: „svá lízk mèr sem goldit
muni vera Óðni fyrir einn svein, ef þar kemr fyrir Haraldr
konungr ok sun hans ok herr hans allr." Hann bað nú
setja upp merki sitt, ok veita Haraldi konungi atgöngu,
ok drepa hann ok allt lið hans; varð Heiðrekr konungr
banamaðr mága sinna; er þat talit annat níðingsverk unnit
með Tyrfingi eptir álögum dvergsins. Kveðsk hann þetta
fólk gefa Óðni fyri sun sinn, ok lèt rjóða stalla blóði kon-
ungs ok Hálfdánar sunar hans; kona hans fór sèr [2] í dísar
sal. Var nú Heiðrekr til konungs tekinn yfir allt þat ríki.

10. Þat var eitt sumar, at Heiðrekr konungr fór með
her sinn suðr í Húnaland [3], ok barðisk við konung þann,
er Humli hèt, ok fèkk sigr, ok tók þar dóttur hans, er
Sifka [4] hèt, ok hafði hana heim með sèr; en at öðru sumri
sendi hann hana heim, ok var hón þá með barni. Litlu
síðar fœddi hón sveinbarn, ok var sá sveinn kallaðr Hlöðr;
ok var allra manna fríðastr sýnum, ok fóstraði hann Humli
móðurfaðir hans.

Heiðrekr konungr fór í hernað, ok kom við Saxland;
hann hafði mikinn her. Konungr af Saxlandi [5] sendi hánum
menn, ok görðu þeir frið sín í millim, ok lèt konungr bjóða
Heiðreki til veizlu, ok þat þá hann. At þeirri veizlu bað
Heiðrekr dóttur konungs, er Óluf hèt, ok fekk hennar með
miklu fè ok ríki, ok við þat fór Heiðrekr heim í ríki sitt.
Hón beiddisk opt at finna föður sinn; hann lèt þat eptir
henni, ok fór með henni Angantýrr, stjúpsun hennar.

Ok eitt sinn, er Heiðrekr kom ór hernaði, lá hann við

---

1) *rettet for* þeir at. — 2) hengði sik sjálf. — 3) Hundland.
4) Svafa. — 5) sa konungr hèt Áki, er þar rèði fyrir.

Saxland í einu leyni [1]; hann gekk um nótt á land upp, ok kom hann í þá skemmu, er drottning hans svaf í; einn maðr gekk með hánum; varðmenn allir sváfu; hann sá fagran mann í sæing hjá konu sinni; hann tók sun sinn Angantý, ok hafði með sèr; hann skar ór lepp [2] ór hári þess manns, ok fór síðan til skips. Um morguninn lagði hann í konungslægi, ok gekk þá allt fólk móti hánum, ok var hánum þá búin veizla. Ok er þeir höfðu drukkit um stund, gekk Óluf drottning í höllina, ok fagnaði vel Heiðreki konungi, ok breiddi báðar hendr um háls hánum; hann tók því fáliga. Litlu síðar lèt hann þing stefna, ok spurði, hvat menn vissi til sunar hans; drottning sagði, at hann varð bráðdauðr; hann bað fylgja sèr til leiðis hans; drottning sagði, at þat mundi auka harma hans; hann kveðsk ekki þat hirða; var þá til leitat, ok var þar hundr sveipaðr í dúki. Heiðrekr kvað eigi sun sinn vel hafa skipazk; lèt hann nú leiða fram sveininn á þingit, ok segir þá allan atburð um framferð drottningar; lèt konungr þá leiða fram þann mann, er í hvílunni hafði verit, ok var þat þræll einn. Heiðrekr sagði þar skilit við drottningu, ok fór heim síðan í ríki sitt.

Hèlt hann þá enn í hernað, ok fór svá fram um hríð. Hann tók enn af Finnlandi at herfangi konu þá, er enn hèt Sifka; hón var allra þeirra kvenna fríðust, er menn höfðu sèt.

Eitt sumar sendi hann menn austr í Hólmgarða, at bjóða Hrollaugi konungi barnfóstr, er þá var ríkastr konungr; því at Heiðrekr konungr vildi öll ráð föður síns á bak brjóta. Sendimenn koma til Hólmgarðs, ok segja konungi sín erendi. Konungr átti sun ungan, er Herlaugr hèt. Konungr svaraði: „hver ván man þess, at ek senda hánum sun minn til fóstrs, þar sem hann sveik Harald konung mág sinn ok aðra frændr sína ok vini?" Drottning mælti: „afsvarit þessu ekki svá

---

1) í leynivag nökkrum. — 2) rettet for. ur legg; andre: lokk.

skjótt, því at víss er þèr úfriðr, ef þú þiggr eigi þetta boð; vænti ek, at þèr fari sem flestum öðrum, at þungr verði hans úfriðr; hefir hann ok sverð þat, er ekki stenzk við, ok sá hefir jafnan sigr, er berr." Tók konungr þat til ráðs, at senda sun sinn til Heiðreks, ok tók Heiðrekr vel við hánum, ok fœddi hann upp, ok unni mikit.

11. Þat hafði faðir hans enn ráðit hánum, at segja eigi frillu sinni leynda hluti sína.

Sumar hvert fór Heiðrekr konungr í hernað; jafnan fór hann í Austrveg, ok átti friðland með Hrollaugi konungi. Einn tíma bauð Hrollaugr hánum til veizlu. Heiðrekr rèðsk um við vini sína, hvárt hann skyldi þiggja boð konungs. Flestir löttu, ok báðu hann minnask heilræða föður síns. Hann svarar: „öll hans ráð skal ek rjúfa," ok sendi þau orð konungi, at hann mundi sœkja veizluna. Heiðrekr skipti liði sínu í þrjá staði, einn lèt hann gæta skipa, annarr fór með hánum, þriðja bað hann ganga á land, ok leynask í skógi hjá bœnum, þar sem veizlan skyldi vera, ok halda njósn til, ef hánum yrði liðs þörf. Heiðrekr kom til veizlunnar. Fóru konungar á skóg, ok margt lið manna með þeim at beita hundum ok haukum; en er þeir höfðu lausum slegit hundunum, fóru sèr hverlr á skóginn; þá urðu þeir tveir saman fóstrar, þá mælti Heiðrekr við konungs sun: „hlýð þú boði mínu, fóstri, hèr er bœr skammt í frá, far þú þangat ok fel þik, ok þigg til hring þenna, vertu þá heim búinn, er ek læt sœkja þik;" sveinninn kvaðsk úfúss þessarrar ferðar, en görði þó svá sem konungr beiddi. Ok annan dag, er konungar váru komnir í sæti, þá spurði Heiðrekr, hvar vera mundi konungs sun, fóstri hans. Leitat var hans, ok fannsk hann eigi. Heiðrekr var mjök úkátr, ok gekk snemma at sofa; en er Sifka kom þar, spurði hón, hví hann var úkátr. Hann svarar: „vant er um þat at tala,

því at þar liggr við líf mitt, ef upp kemr." Hún kveðsk
leyna mundu, „ok gör fyrir ást okkra, ok seg mèr!" Hann
segir: „ek reið í gær á skóg at skemmta mèr, ok sá ek einn
villigölt, ok lagða ek hann með spjóti, en þat beit ekki, ok
brast sundr skaptit. Ek hljóp þá af hestinum, ok brá ek
Tyrfingi; hann beit sem vant var, ok drap ek göltinn, en
er ek sá um mik, þá var engi maðr nær mèr utan konungs
sun, en sú náttúra fylgði Tyrfing, at hann skal sliðra¹ með
vörmu mannsblóði, ok drap ek þá sveininn. Nú er þetta
minn bani, ef Hrollaugr konungr spyrr, því at vèr höfum
hèr lítinn her." En um morguninn, er Sifka kom til drott-
ningar, spurði drottning, hví Heiðrekr var úkátr. Hón kveðsk
eigi þora at segja. Drottning taldi henni hughvarf, svá at
hón sagði drottningu allt þat, er Heiðrekr hafði henni sagt.
Hón svarar: „mikil tíðindi!" ok gekk brott með harmi
miklum, ok sagði konungi: „en þó hefir Heiðrekr eigi gört
þetta eptir vilja sínum." Konungr mælti: „nú gáfusk mèr
ráð þín, sem ek hugsaða;" gengr konungr nú út ór höllinni,
ok biðr nú sína menn vápnask. Heiðrekr þóttisk vita, hvat
Sifka hafði sagt, ok segir mönnum sínum, at þeir herklædd-
isk leyniliga: „ok gangit svá úti í riðlum, ok vitit, hvat
títt er!" Litlu síðar kom Hrollaugr konungr inn, ok bað
Heiðrek ganga með sèr á einmæli; ok er þeir komu í einn
grasgarð, þá hlupu þar menn at Heiðreki, ok gripu hann,
ok settu fjötr á fœtr, ok bundu hann sterkliga. Tveir menn
váru þar, er fastast bundu hann, ok kenndi hann þá, at
þat váru þeir menn, er hann hafði leyst undan bana. Kon-
ungr bað flytja hann til skógar ok hengja hann. Þeir váru
tvau hundrut manna; en er þeir komu í skóginn, þá hlupu
eptir þeim menn Heiðreks konungs með vápnum hans ok
merki ok lúðri, ok blèsu þegar, er þeir komu eptir þeim.

¹) skelða.

Þat heyrðu þeirra kumpánar, er á skóginum leyndusk; þá
sóttu þeir móti þeim. En er þetta sá landsmenn, þá flýðu
þeir allir, er lífit þágu, en flestir váru drepnir. Tóku Gotar
þar konung sinn ok leystu. Síðan fór Heiðrekr til skipa,
ok hafði með sèr konungs sun, því at hann lèt hann vera
hjá þeim mönnum, er í skóginum leyndusk.

Hrollaugr konungr samnar nú her, ok varð mjök fjöl-
mennr, en Heiðrekr herjaði í hans ríki, hvar sem hann fór.
Hrollaugr konungr mælti þá til drottningar: „illa hafa mèr
þín ráð gefizk; ek hefi spurt, at sun okkarr er með Heið-
reki, ok svá sem hann er nú reittr, þá man hánum með
illvirki sín lítit þykkja fyrir at drepa hann, þar sem hann
drap bróður sinn saklausan." Drottning mælti: „halzti höfu
vèr verit auðtrygg; sáttu þegar vinsæld hans, er engi vildi
fjötra hann, nema tveir illir menn, en sun okkarr er vel
haldinn; hefir þetta verit prettr hans ok tilraun, en þèr
vildut illa launa hánum barnfóstr; gör nú menn til hans;
ok bjóð hánum sætt, ok slíkt af ríki þínu, sem ykkr semr,
ok bjóð hánum dóttur þína með ríki, ef vit nám syni okkrum,
heldr enn þit skillzk úsáttir. En þó at hann eigi ríki mikit,
þá á hann eigi konu jafnfríða." Konungr segir: „eigi hafða
ek ætlat at bjóða hana nökkurum, en af því at þú ert vitr,
þá skaltu ráða.".

Váru nú sendir menn til Heiðreks konungs at leita
um sættir, ok var komit á stefnulagi, ok sættusk þeir með
því, at Heiðrekr fekk Hergerðar, dóttur Hrollaugs konungs,
ok fylgði henni heiman Vindland, er næst liggr Reiðgota-
landi, ok skildusk þeir sáttir. Fór Heiðrekr konungr heim
í ríki sitt með konu sinni.

Einn tíma er konungr reið bezta hesti sínum, er hann
skyldi láta flytja Sifku heim, þat var síð um kveld, ok er
konungr kom at á einni, þá sprakk hestr hans, en konungr

gekk af fram; þá skyldi hann bera hana yfir ána, ok litlu
síðar kom hón millim herða hánum; hann kastaði henni þá
ofan, ok braut í henni fótlegginn; skilr svá við hana, at
hana rekr dauða eptir ánni.

12. Síðan settisk Heiðrekr konungr at ríki sínu, ok
görðisk spekingr mikill. Dóttir þeirra Hergerðar hèt Hervör;
hón var skjaldmær ok fœddisk upp í Englandi með þeim
manni, er Ormr [1] hèt; hón var allra meyja vænst, ok mikil
ok sterk sem karlar. Hón samdi [2] sik með örvar ok boga.

Gestr inn blindi [3] hèt einn ríkr maðr í Reiðgotalandi;
hann var í úblíðu Heiðreks konungs. Í konungs hirð váru
þeir tólf menn, er dœma skyldu öll mál manna þar. í landi.
Heiðrekr konungr blótaði Frey [4]; þann gölt, er mestan fèkk,
skyldi hann gefa Frey [5]; kölluðu þeir hann svá helgan, at
yfir hans burst skyldi sverja um öll stór mál, ok skyldi
þeim gelti blóta at sónarblóti [6]; jólaaptan skyldi leiða sónar-
göltinn í höll fyrir konung; lögðu menn þá hendr yfir burst
hans, ok strengja heit. Heiðrekr konungr lagði hönd sína
á höfut geltinum, en aðra á burst, ok strengði þess heit, at
engi maðr skyldi svá mikit hafa af gört við hann, ef á vald
hans kæmi, at eigi skyldi kost eiga, at hafa dóm spekinga
hans; hann skyldi ok friðheilagr vera fyrir hánum, ef hann
bæri upp gátur þær, er konungr kynni eigi ór at leysa. En
er menn freistuðu at bera upp gátur fyrir hánum, þá varð
engi sú upp borin, er hann rèði eigi.

Konungr sendi orð Gesti inum blinda, at hann kæmi
til hans, ok setti hánum dag, ella sagðisk konungr mundu

---

1) Ormarr, Froðmarr. — 2) ell. vandi.
3) indsat for Gestum blindi, som findes i begge membraner. — 4) Freyu.
5) Heiðrekr konungr lèt ala gölt mikinn; hann var svá mikill sem öldungar þeir er
stœrstir eru, en svá fagr, at hvert hár þót i ór gulli vera.
6) til árbótar i upphafi mánaðar þess, er februarius heitir; þá skyldi blót hafa til
farsældar.

láta koma menn til hans. Hánum þótti hvárrgi góðr kostrinn, því at hann vissi sik vanfœran at skipta orðum við konung; hánum þótti ok sín ván eigi góð, ef hann skyldi at hafa dóm spekinga, því at sakir váru nógar; veit hann ok, ef konungs menn koma til hans, at þat kostar líf hans. Síðan blótaði hann Óðin, ok bað hann fulltings, ok hèt hánum stórum gjöfum.

Eitt kveld kom gestr til Gests blinda; hann nefnðisk Gestr inn blindi. Þeir váru svá líkir, at hvárgan kenndi fyrir annan. Þeir skiptu klæðum, ok fór bóndi at hirða sik, enn allir hugðu þar vera bónda, er gestrinn var.

Þessi maðr ferr á konungs fund [1], ok heilsar hánum. Konungr sá við hánum, ok þagði. Gestr mælti: „því em ek hèr kominn, herra, at ek vil sættask við yðr.“ Konungr spurði: „viltu hafa dóm spekinga?“ Gestr mælti: „eru engar fleiri undanlausnir?“ Konungr segir: „bera máttu upp gátur, skaltu lauss, ef ek sè eigi.“ Gestr svarar: „lítt er ek þar til fœrr, en harðr er á annat borð.“ Konungr mælti: „viltu heldr dóminn?“ „Nei,“ segir hann, „heldr vil ek bera gáturnar upp.“ Konungr mælti: „þat er ok rètt, en mikit liggr á; sigrar þú mik, þá skaltu eiga dóttur mína, ok á þèr eigi þessa at varna, en úlíkr ertu til mikillar speki, en aldri varð þat enn, at ek sá eigi gátur þær, er fyrir mik váru upp bornar.“ Var síðan stóll settr undir Gest inn blinda, ok hugðu menn gott til, at heyra þar vitrlig orð. Þá mælti Gestr inn blindi:

Hafa vildak
þat es í gær hafðak,
vittu [2] hvat þat var:
lýða lemill [3],

orða tefill [4]
ok orða upphefill.
Heiðrekr konungr,
hygg þú at gátu!

---

1) Um daginn eptir görir Gestr ferð sína á konungs fund, ok lèttir eigi fyrr enn hann kemr í Árheima; hann gengr í höllina. — 2) gettu. — 3) femill. — 4) temill.

Heiðrekr svarar:

Góð er gáta þín,
Gestr blindi,
getit er þeirrar:
munngát lemr [1] œði,
ok öfvar mælgi,
en öðrum vefsk tunga um
tönn. [2]

Þá mælti Gestr:

Heiman ek fór,
heiman ek för görðak [3],
sá ek á veg vega;
vegr var undir,
vegr var yfir,
ok vegr á alla vega.
Heiðrekr konungr,
hygg þú at gátu!

Heiðrekr svarar:

Góð er gáta þín,
Gestr blindi,
getit er þeirrar:
fugl þar yfir fló,
fiskr þar undir svamm,
þú gekz árbrú yfir.

Þá mælti Gestr:

Hvat var þat drykkjar,
er ek drakk í gær?

varat þat vatn nè vín,
mjöðr nè munngát,
nè matar ekki,
þó gekk ek þorstalauss þaðan.
Heiðrekr konungr,
hygg þú at gátu!

Heiðrekr svarar:

Góð er gáta þín,
Gestr blindi,
getit er þeirrar:
fórtu holu í,
falsk þik í skugga [4],
þar fèll dögg í dali;
þar namtu þèr
af náttdöggu,
ok kœldir svá kverkr þaðan [5].

Þá mælti Gestr:

Hverr er sá hinn hvelli,
er gengr harðar götur,
ok hefir hann þær fyrr um farit;,
mjök fast kyssir,
ok hefir munna tvá,
gengr á gulli einu.
Heiðrekr konungr,
hygg þú at gátu!

Heiðrekr svarar:

Góð er gáta þín,
Gestr blindi,

---

1) semr. — 2) en sumum vefsk tungu bragð. — 3) heiman ek ferðaðisk.
4) lagðisk þú í forsælu. — 5) ok kœldir svá varir þínar.

getit er þeirrar:
gengr hamar gullsmiðs
á glóð Rínar,
kveðr við hátt
er [1] kemr á steðja.

Þá mælti Gestr:

Hvat er þat undra,
er ek úti sá
fyri dellings [2] durum?
úkvikvir tveir,
andalausir,
sára lauk suðu.
Heiðrekr konungr,
hygg þú at gátu!

Heiðrekr svarar:

Góð er gáta þín,
Gestr blindi,
getit er þeirrar:
erat blærr, nè bruni,
í belgjum smiða,
hafat þeir líf nè lá;
má þó fyri þeim
mæki smíða
við þann gust, er gefa.

Þá mælti Gestr:

Hvat er þat undra,
er ek úti sá
fyri dellings durum?
fœtr hefir átta,

fjögr augu,
ok berr ofar knè enn kvið.
Heiðrekr konungr,
hygg þú at gátu!

Heiðrekr svarar:

Góð er gáta þín,
Gestr blindi,
getit er þeirrar:
austan gekktu
at innis durum
salkynni at sjá;
komtu þar at
er köngurváfa
vef ór þörmum vaf.

Þá mælti Gestr:

Hvat er þat undra,
er ek úti sá
fyri dellings durum?
höfði sínu vísar
á helvegu,
en fótum til sólar·snýr.
Heiðrekr konungr,
hygg þú at gátu!

Heiðrekr svarar:

Góð er gáta þín,
Gestr blindi,
getit er þeirrar:
höfuð veit

---

1) ok. — 2) *her og siden:* derllngs, dögllngs.

í hlóðýnjar skaut,
en blöð í lopt, á lauk [1].

Þá mælti Gestr:

Hvat er þat undra,
er ek úti sá
fyri dellings durum?
horni harðara,
hrafni svartara,
skjalli skygnara [2],
skapti rèttara.
Heiðrekr konungr,
hygg þú at gátu.

Heiðrekr svarar:

Smækka tekr nú
smíði gátu,
hvat skulu búnum bið?
leiztu á leiðir,
lá hrafntinna,
glóði geisla mót.

Þá mælti Gestr:

Báru hrundir [3],
bleikhaddaðar
ambáttir tvær,
öl til skemmu;
varat þat höndum horfit,

nè hömrum [4] klappat;
sjá var út við eyjar
örðigr, er görði [5].
Heiðrekr konungr,
hygg þú at gátu.

Heiðrekr svarar:

Góð er gáta þín,
Gestr blindi,
getit er þeirrar:
ham bera svanir
hvítfjaðraðan,
er við eyjar
á víði sitja;
hendr nè höfðu,
hreiðr þeir byggðu,
á gaglhálsum [6]
egg við gátu [7].

Þá mælti Gestr:

Hverjar 'ru þær rýgjar
á reginfjalli?
elr við kván kona,
mær við meyju
mög of getr,
ok eigut þær varðir vera.
Heiðrekr konungr,
hygg þú at gátu!

---

1) höfut hans   horfir í jörðu,   en lauks blöðin í lopt.
2) skildi skygnara ell. hvítara.
3) brúðir. — 4) hamri. — 5) er ker görði. — 6) Uvis læsemåde.
7) *De prosaiske forklaringer have her blandt andet:* þat eru æðar tvær þær er eggjum verpa; eggin eru ei gör með hamri nè böndum, en þjónustumeyjar báru öllt i eggskurminni; en svanr er fyri eyjar utan, örðigr sá, er þær gátu eggin við.

Heiðrekr svarar:
Góð er gáta þín,
Gestr blindi,
getit er þeirrar:
fjallhvannir tvær
fanntu standa
ok þriðju unga
þeirra í millum. [1]

Þá mælti Gestr:

Fara ek sák
foldar moldauka [2],
ok sat nár [3] á nái;
blindr reið blindum
brimreiðar [4] til,
þá jór var andarvani.
Heiðrekr konungr,
hygg þú at gátu!

Heiðrekr svarar:

Góð er gáta þín,
Gestr blindi,
getit er þeirrar:
jó fanntu dauðan
á jaka liggja,
örn [5] á tafni;
þat bar á ísi
ár til samans
straumr ströndu at.

Þá mælti Gestr:

Hverir 'ru þegnar,
er ríða þingi at,
sáttir allir saman [6]?
lýða sína senda
þeir lönd yfir
at byggja bólstaði.
Heiðrekr konungr,
hygg þú at gátu!

Heiðrekr svarar:

Góð er gáta þín,
Gestr blindi,
getit er þeirrar:
Ítrekr ok Öndóttr [7]
um aldrdaga
tefla teitir skák;
sátt er þeim lið allt,
er í sjóð kemr,
en á reitum reitt.

Þá mælti Gestr:

Hverjar 'ru þær drósir [8],
er um sinn drottin
vápnlausar vega [9]?
inar dökkvari [10] hlífa [11]
um daga alla,
en inar fegri fara [12].

---

1) ok hvannarkálf á millum þeirra. — 2) moldbúa.
3) naðr. — 4) brimheiðar. — 5) ormr.
6) ok eru sextán saman. — 7) Andaðr. — 8) brúðr.
9) er sinn drottin   vápnalausan vega. — 10) jarpari.
11) lífa. — 12) frýa.

36

Heiðrekr konungr,
hygg þú at gátu!

Heiðrekr svarar:

Góð er gáta þín,
Gestr blindi,
getit er þeirrar:
duga hnefatöflur
dökkvar í tafli,
en hvítar herja á mót.

Þá mælti Gestr:

Hverr er sá inn eini,
er sefr í ösgrúa [1],
af grjóti einu görr?
föður nè móður á sá
inn fargjarni [2],
þar mun hann sinn aldr ala.
Heiðrekr konungr,
hygg þú at gátu!

Heiðrekr svarar:

Góð er gáta þín,
Gestr blindi,
getit er þeirrar:
eld elr aska
í arni fólginn,
tinnu getr hann grjót.

Þá mælti Gestr:
Hverr er sá inn mörkvi [3],
er mold ferr yfir [4]?
svelgr hann vatn ok við [5],
glygg hann óask,
en guma ekki,
ok yrkir á sól til saka.
Heiðrekr konungr,
hygg þú at gátu!

Heiðrekr svarar:

Góð er gáta þín,
Gestr blindi,
getit er þeirrar:
gengr upp mörkvinn
ór Gýmis fletjum,
ok heldr af hlýrni sýn;
sá drepr skini
Dvalins leiku,
flýr einn Fornjóts bur.

Þá mælti Gestr:

Hvert er þat dýra,
er drepr fè manna,
ok er járni allr [6]
urinn í kring?
horn hefir átta,
en höfuð ekki,
ok fylgja því margir mjök [7].

---

1) öskugrúa.
2) fárgjarni, fjárgjarni, fagrgjarni, fafurgjarni.
3) mikil. — 4) líðr mold yfir.
5) vötn ok veisur. — 6) utan.
7) ok rennr sem hann má.

Heiðrekr konungr,
hygg þú at gátu!

Heiðrekr svarar:
Góð er gáta þín,
Gestr blindi,
getit er þeirrar:
húni man sjá vera
í hnefatafli,
frekr ok flárr til fjár.

Þá mælti Gestr:
Hvert er þat dýra,
er dönum hlífir?
berr blóðugt bak,
en benjar fyri [3],
geirum mœtir,
gefr líf sitt fram,
leggr við lófa
lík sit guma.
Heiðrekr konungr,
hygg þú at gátu!

Heiðrekr svarar:
Góð er gáta þín,
Gestr blindi,
getit er þeirrar:
skildir blika
í bardögum,
en verja þá, er valda.

Þá mælti Gestr:
Hverjar eru þær leikur,
er líða lönd yfir,
ok leika af muni margt?
hvítan skjöld þær
of haust [2] bera,
en svartan of sumar.
Heiðrekr konungr,
hygg þú at gátu!

Heiðrekr svarar:
Góð er gáta þín,
Gestr blindi,
getit er þeirrar:
rjúpur kalla
rekka synir
fiðrvarðan fugl;
sortnar fiðr
á sumartíma,
en bliknar um bjarnar nótt.

Þá mælti Gestr:
Hverjar 'ru snótir,
er syrgjandi ganga
at forvitni föður?
mörgum þær hafa
at meini orðit,
við þat sinn aldr ala.
Heiðrekr konungr,
hygg þú at gátu.

---

1) en bergr firum.
2) vetr.

Heiðrekr svarar:

Góð er gáta þín,
Gestr blindi,
getit er þeirrar:
eðlis [1] brúðir,
eitri blandnar,
fara mörgum fyrir.

Þá mælti Gestr:

Hverjar eru þær meyjar,
er ganga margar saman
at forvitni föður?
hadda bleika hafa þær
inar hvítfölduðu,
megat þeim varða verar.
Heiðrekr konungr,
hygg þú at gátu!

Heiðrekr svarar:

Góð er gáta þín,
Gestr blindi,
getit er þeirrar:
Gýmir hefir sèr
getit dœtr
ráðsviðar við Rán;
bylgjur þær heita
ok bárur,
verr þeim vera engi.

Þá mælti Gestr:

Hverjar 'ru ekkjur,
er allar ganga saman

at forvitni föður?
sjaldan 'ru blíðar
við seggja lið,
ok eigu í vindi vaka.
Heiðrekr konungr,
hygg þú at gátu!

Heiðrekr svarar:

Góð er gáta þín,
Gestr blindi,
getit er þeirrar:
öldur þat eru,
Œgis dœtr,
þær láta fallask fast.

Þá mælti Gestr:

Nóg var forðum
nösgás vaxin,
barngjörn sú er bar
bútimbr saman;
hlifðu henni
hálms bitskálmir,
þó lá drykkjar
drynhrönn yfir.
Heiðrekr konungr
hygg þú at gátu!

Heiðrekr svarar:

Góð er gáta þín,
Gestr blindi,
getit er þeirrar:
áttir þú líta

---

1) eldis.

andarfygli
eggjum sitja á;
numit var staðar
með nauts hausi,
en kjálkar görðu kví.

Þá mælti Gestr:
Hverr er sá inn mikli,
er mörgu ræðr,
sèr [1] til heljar hálfr?
höldum hann bergr,
en við svörð [2] sakask,
ef hann hefir sèr vel traustan
vin.
Heiðrekr konungr,
hygg þú at gátu!

Heiðrekr svarar:
Góð er gáta þín,
Gestr blindi,
getit er þeirrar:
dugir atkeri
með digru togi
flotna sjöt [3] á sæ;
fleini þat hrífr
í fold niðr,
ok horfir til heljar svá.

Þá mælti Gestr:
Hverjar 'ru brúðir,
er í brimskerjum ganga [4],
ok eigu eptir firði för?
harðan beð hafa
inar hvítfölduðu,
ok leika í logni fátt.
Heiðrekr konungr,
hygg þú at gátu!

Heiðrekr svarar:
Góð er gáta þín,
Gestr blindi,
getit er þeirrar:
bárur ok brekar
ok boðar görvallir
leggjask loks á sker;
beðir eru þeirra
björg ok urðir,
en sátt er sæfar logn [5].

Þá mælti Gestr:
Sá ek á sumri
sólbjörgum í [6]
verðung vaka
veigu teita [7];
drukku jarlar

---

1) horfir. — 2) jörð, hjörð. — 3) *indsat for* skaut.
4) er í brimserkjum vaða.
5) en þær verða lítt sènar í logni.
6) sólbjörg of á.
7) *indsat for* vilgi teiti *eller* vigi teita; *der læses ellers* verðung vaka vilgi teiti
ell. verðung vaka vigi teita, *ell.* bað ek vel lifa vilgi teiti.

öl þegjandi,
en œpanda
ölker stóð.
Heiðrekr konungr,
hygg þú at gátu!

Heiðrekr svarar:
Góð er gáta þín,
Gestr blindi,
getit er þeirrar:
grísar þegjandi
gylti drukku,
en hón rýtti af raun [1].

Þá mælti Gestr:
Hverr byggir há fjöll?
hverr fellr í djúpa ˙dali?
hverr andalauss lifir?
hverr æfa þegir?
Heiðrekr konungr,
hygg þú at gátu!

Heiðrekr svarar:
Góð er gáta þín,
Gestr blindi,
getit er þeirrar:
hrafn byggir há fjöll,
dögg fellr í djúpa dali,
fiskr án anda
í flóði lifir,
en þjótandi fors
þegir aldregi.

Þá mælti Gestr:
Meyjar ek sá
moldu líkar,
váru þeim at beðjum björg,
svartar ok sámar
í sólviðri,
en þess at fegri, er fœrra of sèr[2].
Heiðrekr konungr,
hygg þú at gátu!

Heiðrekr svarar:
Góð er gáta þín,
Gestr blindi,
getit er þeirrar:
í ösku fólgnar,
á arni fölnaðar
gaztu glœður sjá.

Þá mælti Gestr:
Fjórir ganga,
fjórir hanga,
tveir veg vísa,
tveir hundum varða,
einn eptir drallar [3]
æfi daga,
sá er jafnan saurugr.
Heiðrekr konungr,
hygg þú at gátu!

Heiðrekr svarar:
Góð er gáta þín,
Gestr blindi,
getit er þeirrar:

---

1) en hón hrein fyrir. — 2) fœða af sèr. — 3) drattar.

kýr er þat dýra,
er þú knáttir sjá
fjórum ganga fótum,
fjórir hanga spenar,
en horn hana vörðu,
hali hèkk at baki.

Þá mælti Gestr:
Sat ek á segli,
sák dauða menn
blóðs [1] hold bera
í björk [2] viðar.
Heiðrekr konungr,
hygg þú at gátu!

Heiðrekr svarar:
Góð er gáta þín,
Gestr blindi,
getit er þeirrar:
saztu á arni [3],
þar sástu val fljúga,
sá bar æðarfugl
sèr í klóm.

Þá mælti Gestr:
Hvat er þat undra,
er ek úti sák
fyri dellings durum?
tíu hefir tungur,
tuttugu augu,
fjörutíu fóta,
fram líðr sú vættr.

Heiðrekr konungr,
hygg þú at gátu!

Heiðrekr svarar:
Vánum þykki mèr þú nú
vitrari vera,
ef sá ert, er segir,
er þú gautar
of gylti úti,
þá er í garði gekk;
var sú þá sundruð
at vísis ráði,
ok gekk hón með grísi níu.

Þá mælti Gestr:
Hverir eru þeir tveir,
er til þings fara,
þrjár hafa þeir sjónir saman,
tíu fœtr
ok tagl eitt báðir,
ok líða svá lönd yfir.
Heiðrekr konungr,
hygg þú at gátu!

Heiðrekr svarar:
Góð er gáta þín,
Gestr blindi,
getit er þeirrar:
þat er Óðinn,
þá er Sleipni ríðr fram,
eitt á hann auga,
en marr bæði,

---

1) blóðugt. — 2) börk. — 3) á veg ell. vegg (for vigg).

dregr skeið fótum
drösull átta,
Yggr [1] tveimr;
hestr á hala einn.

  Þá mælti Gestr:

Seg þú mèr þat eina,
alls þú vera þykkir
hverjum kóngi hyggnari [2]:
hvat mælti Óðinn
í eyra Baldri,
áðr hann var á bál borinn?

  Heiðrekr svarar:

Undr ok argskap
ok alla bleyði,
skí ok skrípi ein,

en engi veit þau orð þín,
utan þú sjálfr,
. ill vættr ok örm [3]!

Brann skap konungi,
brá hann Tyrfingi,
ok hugði at höggva Gest;
en hann við brást
í vals líki,
ok forðaði svá fjörvi.

Leitaði undan
á ljóra valr,
en hilmir eptir hjó;
vèli skar aptan,
ok skemmdi fjaðrar,
því berr hann stýfðan stert.

Óðinn mælti þá: fyri þat, Heiðrekr konungr, at þú
rèðsk sverði til mín, ok vildir drepa mik saklausan, ok
gekkt sjálfr á grið þau, er þú settir millum okkar, skulu
þèr hinir verstu þrælar at bana verða. Eptir þat skilr
með þeim.

13. Nökkuru síðar býst konungr heiman, ok vildi skipa
lögum um ríki sitt; hann hafði sèr náttstað settan undir
fjöllum þeim, er Hárvaðafjöll [4] váru köllut; þótti mönnum
hans sú dagferð ærit löng. Konungr·bað velja þann frásta
hest sèr til reiðar; valdi hann til ferðar með sèr níu þræla,
þá hafði hann tekit í vestrvíking [5], ok váru þeim fengnir þeir

---

[1]) *rettet for* Iggr; *ett håndskrift hør* Siggeir. — [2]) vitrari.
[3]) Illvættr ok ormr. — [4]) Hærvaðafjöll, Hávaðafjöll.
[5]) váru þeir teknir í vestrvíking í Skotlandi, þeir váru ættstórir menn, ok kunnu illa
áfrelsi sínu.

beztu reiðskjótar; riðu þeir nú með konuDgi, ok margir menn aðrir. Konungr reið svá mikinn, at engi gat fylgt hánum nema þrælarnir ok fáir menn aðrir. Komu þeir um kveldit undir Hárvaðafjöll, ok reistu þar tjöld sín. En er konungr var sofnaðr með sínum mönnum, stóðu upp þrælarnir, ok drápu alla varðmennina; síðan gengu þeir í tjaldit, þangat sem konungr lá, tóku þeir nú Tyrfing ok brugðu, ok myrðu með hánum Heiðrek konung, ok alla þá, er þar inni váru. Er þetta talt hit þriðja níðingsverk unnit með Tyrfingi, eptir því sem dvergrinn hafði fyrimælt; váru nú enduð þau álög.

Höfðu nú þrælarnir Tyrfing í braut með sèr, ok allt þat er í tjaldinu var fèmætt. Um morguninn eptir komu menn Heiðreks konungs, ok fundu hann dauðan; sendu þeir þá heim at segja Angantýr tíðindin. Hann lætr þegar reisa haug mikinn þar undir Hárvaðafjöllum í þeim stað, sem konungrinn var drepinn; var sá haugr viðum snúinn ok görr rambyggiligr; var Heiðrekr þar í lagðr ok þeir menn, er myrðir váru með hánum.

Síðan var þing stefnt, ok Angantýrr til konungs tekinn yfir öll þau ríki, er Heiðrekr konungr hafði átt. Á þessu þingi strengði hann heit, at aldri fyrr skyldi hann setjask í hásæti föður síns, enn hann hefði hefnt hans. .

Litlu síðar hverfr Angantýrr í braut einn saman, ok ferr víða at leita þrælanna. Eitt kveld gengr hann ofan til sjófar með á þeirri, er Grafá [1] hèt. Þar sá hann þrjá menn á fiskibát; því næst sá .hann, at maðr dró fisk, ok kallar, at annarr skyldi fá hánum agnsaxit at höfða með fiskinn; en sá kveðsk eigi laust mega láta. Hinn mælti: „taktu sverðit undan höfðafjölinni [2], ok fá mèr." En sá tók, ok brá, ok sneið höfuðit af fiskinum. Þá kvað hann vísu:

---

1) Greipá, Grípsá.
2) í lyptingunni.

Þess galdt bón gœdda
fyri Grafár ósi,
er Heiðrekr var veginn
undir Hárvaðafjöllum.

Angantýrr kenndi þegar Tyrfing; gekk hann þá í brott
í skóginn, ok dvaldisk þar til þess er myrkt var; en þessir
fiskimenn rèru at landi, ok fóru til tjalds þess, er þeir áttu,
ok lögðusk til svefns. En nær miðri nótt kom Angantýrr
þar, ok felldi á þá tjaldit, ok drap þá alla níu þræla, en
tók sverðit Tyrfing, ok var þat þá til marks, at hann hafði
hefnt föður síns. Ferr Angántýrr nú heim.

Því næst lætr Angantýrr göra veizlu mikla á Danpar-
stöðum á þeim bœ, er Árheimar heita [1], at erfa föður sinn.
Þá rèðu þessir konungar löndum, sem hèr segir:

Ár kváðu Humla
fyrir her ráða,
Gizurr Gautum,
Gotum Angantýrr,
Valdar Dönum,
en Völum Kjár [2],
Álfrekr [3] inn frækni
Euskri þjóðu.

Hlöðr [4], sun Heiðreks konungs, fœddisk upp með Humla
konungi, móðurföður sínum, ok var allra manna fríðastr
sýnum ok drengiligastr. En þat var fornt mál þann tíma,
at maðr væri borinn með vápnum eðr hestum; en þat var
til þess haft, at þat var mælt um þau vápn, er þá váru þeim
gör þann tíma, er maðrinn var fœddr, svá ok fè, kykvendi,

---

[1] á þeim bœ er Dampstaðir heita í Árheimum, er sumir kalla Ernarhèrað, var þat höfutborg á Reiðgotalandi í þann tíma.
[2] en Völlum Ákjar. — [3] rettet for Alrekr. — [4] Hlöðverr.

yxn eðr hestar, ef þat var þá fœðt, ok var þat allt fœrt
saman til virðingar tignum mönnum, sem hèr segir um
Hlöð Heiðrekssun:

> Hlöðr var þar borinn
> í .Húnalandi [1]
> saxi ok með sverði,
> síðri brynju,
> hjálmi hringreifðum,
> hvössum mæki,
> mari vel tömum,
> á mörk inni · helgu.

Nú spyrr Hlöðr fráfall föður síns, ok þat með, at
Angantýrr, bróðir hans, var til konungs tekinn yfir allt þat
ríki, sem faðir þeirra hafði átt. Nú vilja þeir Humli kon-
ungr ok Hlöðr, at hann · fari at krefja arfs Angantýr, bróður
sinn, fyrst með góðum orðum, sem hèr segir:

> Hlöðr reið austan,
> Heiðreks arfi [2],
> · kom at garði þar,
> er Gotar byggja
> á Árheima,
> arfs at kveðja;
> þar drakk Angantýrr
> erfi Heiðreks kóngs.

Nú kom Hlöðr í Árheima með miklu liði, sem hèr segir:

> Segg fann hann úti
> fyri sal háfum,
> ok síðförlan
> síðan kvaddi:

---

1) i Humlalandl. — 2) ell, mögr.

inn gakktu, seggr,
í sal háfan,
bið mèr Angantýr
andspjöll bera.

Sá gekk inn fyri konungs borð, ok kvaddi Angantýr
vel, ok mælti síðan:

Hèr er Hlöðr kominn,
Heiðreks arfþegi,
bróðir þinn
inn beðskammi [1];
mikill er sá mjök
á mars baki,
vill nú þjóðann
við þik tala.

En er konungr heyrði þetta, þá varpaði hann knífinum
á borðit, en stè undan borðinu, ok steypti yfir sik brynju,
ok tók hvítan skjöld í hönd, en sverðit Tyrfing i aðra hönd.
Þá görðisk gnýrr mikill í höllini, sem hèr segir:

Rymr var í ranni,
risu með goðum [2],
vildi hverr heyra
hvat sem Hlöðr mælti,
ok þat er Angantýrr
andsvör veitti.

Þá mælti Angantýrr: „vel þú kominn! vel þú verir!
gakk inn með oss til drykkju, ok drekkum mjöð eptir föður
okkarn, fyrst til sama ok öllum oss til vegs, með öllum
várum sóma." Hlöðr svarar: „til annars fórum vèr hingat,
enn at kýla vömb vára."

---

1) inn beðrammi *ell.* hinn böðskàri. — 2) *ell.* góðum; *hele læsemåden er uviss.*

Þá kvað Hlöðr:

Hafa vil ek hálft allt,
þat er Heiðrekr átti,
kú ok af kálfi,
kvern þjótandi;
al ok af oddi,
einnig skatti,
þý ok af þræli
ok þeirra barni,
hrís þat it mœra [1],
er Myrkviðr heitir,
gröf þá ina góðu [2],
er stendr á götu þjóða [3],
stein þann inn meira [4],
er stendr á stöðum Dampar [5],
hálfar herborgir,
er Heiðrekr átti,
lýði, lönd,
ok ljósa bauga:

Þá sagði Angantýrr: „eigi
ertu til lands þessa kominn at
lögum;" „eðr hvat viltu bjóða?"
sagði Hlöðr. Angantýrr kvað:

Bresta mun fyrr, bróðir,
lind in blikhvíta [6],

ok kaldr geirr
koma við randir [7],
ok margr gumi
í gras hníga,
áðr ek mun. Humlung
hálfan láta
eðr Tyrfing
í tvau deila [8].

Ok enn kvað Angantýrr:

Ek mun bjóða þèr
bjartar veigar [9],
fè ok fjöld meiðma,
sem framast tíðir;
tólf hundrut gef ek þèr
manna [10],
tólf hundrut gef ek þèr skálka,
þeirra er skjöld bera.
Manni gef ek hverjum
margt at þiggja,
annat œðra,
enn hann á nýði [11];
mey gef ek hverjum
manni at þiggja;
meyju spenni ek hverri
men at hálsi.

---

1) *ell.* mæta. — 2) helga. — 3) Goðþjóðu. — 4) fagra.
5) *ell.* Dampnar, Damptar. — 6) blikhvíta hönd. — 7) við annan.
8) *ell.* áðr enn Tyrfing í miðt deilak, eða þèr, Humlangr, hálfan arf gefak.
9) *indsat for* fagrar; *andre:* fagra vigra.
10) *Membranen 2845, som ender her, har:* Býð ek þèr, frændi, til heilla sátta mikit ríki ok erit fè, tólf hundrut vápna.
11) á ráðl. *Læsemåden er uviss.*

Mun ek þik sitjanda
silfri mæla [1],
en ganganda þik
gulli steypa,
svá á vegu alla
velti baugar;
þriðjung Goðþjóðar,
því skaltu ráða.

`14. Gizurr Gyrtingaliði [2], fóstri Heiðreks konungs, var
þá með Angantýr konungi; hann var þá ofrgamall; ok er hann
heyrði boð Angantýrs, þótti hánum hann of mikit bjóða, ok
mælti:

Þetta er þiggjanda
þýjar barni,
barni þýja,
ok þótt sè borinn konungr;
þá hornungr·
á haugi sat,
er öðlingr
arfi skipti.

Hlöðr reiddisk nú mjök, er hann var þýbarn ok horn-
ungr kallaðr, ef hann þægi boð bróður síns; snèri hann þá
þegar í braut með alla sína menn, til þess er hann kom
heim í Húnaland til Humla konungs, móðurföður síns, ok
sagði hánum, at Angantýrr, bróðir hans, hefði unnat hánum
þriðjungaskiptis. Humli konungr spurði allt tal þeirra, ok
varð hann þá reiðr mjök, er Hlöðr, dótturson hans, skyldi
ambáttarson heita, ok mælti:

Sitja skulum. vèr í vetr
ok sælliga lifa,

---

1) vèla. — 2) Gertingaliði.

drekka ok dœma
dýrar veigar,
kenna Húnum
vápn at búa,
þau er djarfliga
skulum fràm bera.

Ok enn kvað hann:

Vel skulum þèr, Hlöðr,
herlið búa,
ok ramligar [1]
hildir heyja,
með tólf vetra mengi
ok tvævetrum fola,
svá skal Húna
her um safna. .

Um várit drógu þeir her saman svá mikinn, at aleyða var eptir í Húnalandi vígra manna. Allir menn fóru tólf vetra gamlir ok eldri, þeir er herfœrir váru at vápnum ok hestum, því at allir fóru tvævetrir ok eldri. Varð nú svá mikill fjöldi manna þeirra, at þúsundum mátti telja, en ei smærri enn þúsundir í fylkingar. En höfðingi var settr yfir þúsund hverja, en merki yfir hverja fylking, en fimm þúsundir í hverja fylking, þeirra er þrettán hundrut váru í hverri, en í hvert hundrut fernir fjörutíu, en þessar fylkingar váru þrjár ok þrjátigi. Sem þessi herr kom saman, riðu þeir skóg þann, er Myrkviðr heitir, er skilr Húnaland ok Reiðgotaland [2]. En sem þeir komu af skóginum, þá váru byggðir stórar og vellir slèttir, en á völlunum stóð borg ein fögr; þar rèð fyrir Hervör, systir Angantýrs ok Hlöðrs, ok með henni Ormr [3], fóstri hennar; váru þau sett þar til landgæzlu fyrir her Húna; höfðu þau þar mikit lið.

---

1) frálíga. — 2) Gothaland. — 3) Ormarr.

14. Þat var einn morgun um sólar upprás, at Hervör
stóð upp á kastala einum yfir borgarhliði; hón sá jórcyki
stóra suðr til skógarins, svá löngum fal sólina; því næst sá
hón görla undir jórcykinum sem á gull eitt liti, fagra skjöldu
ok gulllagða, gyllta hjálma ok hvítar brynjur. Sá hón þá,
at þetta var Húna herr ok mikill mannfjöldi. Hervör gekk
ofan skyndiliga, ok kallar lúðrsvein sinn, ok bað blása saman
lið. Ok síðan mælti Hervör: „takit vápn yðar, ok búisk
til orrustu, en þú, Ormr, ríð í mót Húnum, ok bjóð þeim
orrustu fyrir borgarhliði inu syðra." Ormr kvað:

> Skal ek víst ríða,
> ok [1] rönd bera
> Gauta þjóðum [2]
> gunni at heyja.

Þá reið Ormr af borginni mót Húnum; hann kallaði
þá hátt, ok bað þá ríða til borgarinnar ok úti fyri borgar-
hliðinu suðr á vellinum: „þar býð ek yðr til orrustu, biði
þeir þar annarra, er fyrr koma." Nú reið Ormr aptr til
borgarinnar; ok var þá Hervör albúin ok allr hennar herr.
Síðan riðu þau út af borginni með allan herinn mót Húnum;
hófsk þar allmikil orrusta. En með því at Húnar hafa her
miklu meira, snèri mannfallinu í lið þeirra Hervarar, ok um
síðir fell Hervör ok mikit lið umhverfis hana. En er Ormr
sá fall hennar, þá flýði hann ok allir þeir er lítt dugðu. Ormr
reið dag ok nótt sem mest mátti hann á fund Angantýrs
konungs í Árheima. Húnar taka nú at herja um landit víða
ok at brenna. Ok sem Ormr kom fyrir Angantýr konung,
þá kvað hann:

> Sunnan em ek kominn,
> at segja spjöll þessi:

---

1) i. — 2) kyndum.

sviðin er öll
Myrkviðar heiði,
drifin öll Goðþjóð
gumna blóði.

Ok enn kvað hann:

Mey veit ek
Heiðreks dóttur,
systur þína,
signa til jarðar;
hafa Húnar
hana fellda
ok marga aðra
yðra þegna;
lèttari görðisk [1] —
hón á hauðri [2]
enn við biðil rœða,
eða í bekk at fara
at brúðargangi.

Angantýrr koñungr, þá er hann heyrði þetta, brá hann
grönum, ok tók seint til orða, ok mælti þetta um síðir:
„úbróðurliga vartu leikin, hin ágæta systir!" ok síðan leit
hann yfir hirðina, ok var ekki margt líðs með hánum; hann
kvað þá:

Mjök váru vèr margir,
er vèr mjöð drukkum,
nú eru vèr færri,
er vèr fleiri skyldum;
sè ek eigi þann
í mínu liði,
þótt ek biði
ok baugum kaupi,

---

1) littari ell. littck. — 2) baðmi. *Hele stedet er forderret.*

er muni ríða,
ok rönd bera,
ok þeirra Húna
herlið finna [1].

Gizurr gamli sagði:

Ek mun þar einskis
eyris krefja,
nè skuldanda
skarfs ór gulli [2];
þó mun ek ríða,
ok rönd bera,
Húna þjóðum
gunni at bjóða.

Þat váru lög Heiðreks konungs, ef herr var í landi,
en landskonungr haslaði völl, ok lagði orrustustað, þá skyldu
víkingar ekki herja fyrr enn orrusta væri reynd. Gizurr
herklæddisk með góðum vápnum, ok hljóp á hest sinn, sem
ungr væri; þá mælti hann til konungs:

Hvar skal ek Húnum
hervíg kenna?

Angantýrr konungr kvað:

Kenndu á Dyngju [3]
ok á Dúnheiði,
ok á þeim öllum
Jösur-fjöllum [4];
báru opt Gotar
ok geir háðu [5],
ok fagran sigr
frægir unnu.

---

1) ell. ok þeim Húnum   herboð bjóða. — 2) ell. nè skjallrauða   skást ór gulli.
3) Dylgju. — 4) Jossar-f. — 5) ell. þar opt Gotar   gunni háðu.

Nú reið Gizurr í braut, ok þar til er hann kom í her
Húna; hann reið ei nærr enn svá, at hann mætti tala við
þá; þá kallar hann hárri röddu, ok kvað:

> Felmtr er yðarr fylkir,
> feigr er yðarr vísir,
> grœfr [1] yðarr gunnfáni [2],
> gramr er yðr Óðinn.

Ok enn:

> Býð ek yðr at Dyngju
> ok á Dúnheiði,
> orrustu undir
> Jösurfjöllum;
> hræsi yðr
> at há hverju,
> ok láti svá Óðinn
> flein fljúga,
> sem ek fyrir mæli.

Þá er Hlöðr hafði heyrt orð Gizurar, kvað hann:

> Taki þèr Gizur,
> mann Angantýrs,
> kominn af Árheimum!

Humli konungr sagði:

> Eigi skulum
> árum spilla.
> þeim er fara
> einir saman.

Gizurr mælti: „eigi göra Húnar oss felmtraða [3], nè horn-
bogar yðrir." Gizurr drap þá hest sinn með sporunum, ok
reið á fund Angantýrs, ok gekk fyrir hann, ok kvaddi hann
vel. Konungr spurði, hvárt hann hefði fundit Húna konung:

---

1) snæfr. — 2) gunnfari. — 3)vélaða, vlesaða, feltraða.

Gizurr mælti: talaða ek við þá, ok stefnda ek þeim á víg-
völl á Dúnheiði í Dyngjudölum. Angantýrr spyrr, hvat
mikit lið Húnar hafa? Gizurr mælti:

Mikit er
mengi þeirra:
sex ein eru
seggja fylki [1],
í fylki hverju
fimm þúsundir,
í þúsund hverri
þrettán hundrut,
í hundraði hverju
halir fjórtaldir [2].

Angantýrr spyrr nú til Húna; þá sendi hann menn alla
vegu frá sèr, ok stefndi hverjum manni til sín, er hánum
vildi lið veita, ok vápnum mátti valda. Fór hann þá á Dún-
heiði með lið sitt ok var þat allmikill herr; kom þá á móti
hánum herr Húna, ok höfðu þeir lið hálfu meira.

15. Á öðrum degi hófu þeir sína orrustu, ok börðusk
allan þann dag, ok fóru at kvéldi í herbúðar sínar. Þeir
börðusk svá átta daga, at höfðingjarnir váru þá allir heilir,
en engi vissi manntal, hvat margt fèll. En bæði dag ok
nótt dreif lið til Angantýrs af öllum áttum; ok þá kom svá,
at hann hafði ekki færri flokk enn í fyrstu. Varð nú orrustan
enn ákafari enn fyrr; váru Húnar ákafir, ok sáu þann sinn
kost, at sú ein vár lífs ván, ef þeir sigruðusk ei, ok illt
mundi Gota um grið at biðja. Gotar vörðu frelsi sitt ok
fóstrjörð fyrir Húnum; stóðu því fast, ok ekkjaði hverr annan.

Þá er á leið 'daginn, görðu Gotar atgöngu svá harða, at
fylkinga Húna svignaði fyrir; ok er Angantýrr sá þat, gekk

---

[1] fimm hundrut eru í fylki. — [2] hals Ꝺórtaldir ell. hálfs Ꝺórtalðir.

hann fram ór skjaldborginni, ok í öndverða fylking, ok hafði
í hendi Tyrfing, ok hjó þá bæði menn ok hesta. Raufsk þá
fylking fyrir Húna konungum, ok skiptusk þeir brœðr höggum
við. Þar fèll Hlöðr ok Humli konungr; ok þá tóku Húnar
at flýja, en Gotar drápu þá, ok felldu svá mikinn val, at ár
stemmdusk ok fèllu ór vegum, en dalir váru fullir af dauðum
mönnum ok hestum.

Angantýrr gekk þá at kanna valinn, ok fann Hlöð
bróður sinn á einum háfum hól. Þá kvað hann:

> Bauð ek þèr, bróðir,
> basmir úskerðar [1],
> fè ok fjöld meiðma,
> sem þik fremst [2] tíddi;
> nú hefir þú hvárki
> hildar at gjöldum
> ljósa bauga
> nè land ekki.

Ok enn kvað hann:

> Bölvat er okkr, bróðir,
> bani em ek þinn orðinn;
> þat mun enn uppi,
> illr er dómr norna.

Lèt Angantýrr síðan heygja hann á þeim sama hól,
sem hann hafði fallit, ok þrjá aðra með hánum, þá fremstu,
sem áðr eru nefndir; en öllum almúga var ruðt saman í
stóra bunka, ok ausit moldu yfir. Var þessi orrustustaðr
átta mílur í kring, sem valrinn hafði fallit; sèr nú enn í
dag merki til hauganna.

[Er þat sagt, at Reiðgotaland ok Húnaland sè nú Þýðska-
land kallat; Þýðskaland er talit tólf konungaríki, sem Norvegr.]

---

1) rettet for: úskertar; andre: óskir tvær. — 2) rettet for: mik fremst.

16. Angantýrr var lengi konungr í Reiðgotalandi; hann var ríkr ok auðmaðr mikill[1], ok eru frá hánum komnar konungaættir. Sun hans var Heiðrekr Úlfshamr, er síðan var lengi konungr á Reiðgotalandi; hann átti dóttur, er Hildr hèt; hón var móðir Hálfdánar snjalla, föður Ívars hins víðfaðma[2]. Ívarr hinn víðfaðmi kom með her sinn í Svíaveldi, sem segir í konungasögum; en Ingjaldr konungr hinn illráði hræddisk her hans, ok brenndi sik sjálfr inni með allri hirð sinni, á þeim stað er á Ræningi heitir. Ívarr hinn víðfaðmi lagði þá undir sik allt Svíaveldi; hann vann ok Danaveldi ok Kúrland, Saxland ok Eystland, ok öll Austrríki allt til Garðaríkis; hann rèð ok Vestra-Saxlandi, ok vann hlut Englands, þat er kallat Norðymbraland. Ívarr hinn víðfaðmi lagði þá undir sik allt Danaveldi, ok síðan setti hann þar yfir Valdar konung; ok gipti hánum Álfhildi dóttur sína. Þeirra sun var Haraldr hilditönn, ok Randverr, er síðan fèll á Englandi. En Valdarr andaðisk í Danmörk. Tók þá Randverr Danaríki, ok görðisk konungr yfir. En Haraldr hilditönn lèt gefa sèr konungsnafn í Gautlandi[3], ok síðan lagði hann undir sik öll framan nefnd ríki, er Ívarr konungr hinn víðfaðmi hafði átt.

Randverr konungr fèkk Ásu, dóttur Haralds konungs ins gotrauða norðan ór Noregi[4]. Sun þeirra var Sigurðr hringr. Randverr konungr varð bráðdauðr. En Sigurðr hringr tók konungdóm í Danmörk. Hann barðisk við Harald konung hilditönn á Brávelli í Eystra-Gautlandi[5], ok þar fèll Haraldr konungr ok mikill fjöldi liðs. Þessarrar orrustu hefir helzt verit getit í fornum sögum, ok mest mannfall í orðit, ok sú er Angantýrr ok Hlöðr bróðir hans börðusk á Dúnheiði.

---

1) rettet for aurmaðr mykill.
2) rettet for viðfarma, som stdr her overalt.
3) rettet for Gothlandi. — 4) Haraldar konungs ór Geirrauðar görðum í Noregi.
5) rettet for Gothlandi.

Sigurðr konungr hringr réð Danaríki til dauðadags; en
eptir hann Ragnarr konungr loðbrók sun hans. Sunr Har-
alds hilditannar hèt Eysteinn hinn illráði; hann tók Svíaríki
eptir föður sinn, ok réð því þar til er synir Ragnars kon-
ungs felldu hann, svá sem segir í hans sögu. Þeir synir
Ragnars konungs lögðu þá undir sik Svíaveldi. En eptir
dauða Ragnars konungs tók Björn sun hans járnsíða Svía-
veldi, Sigurðr Danaveldi, Hvítserkr Austrríki, Ívarr beinlausi
England. [Hans sun var Áslákr; sunr Ásláks var Haraldr
hryggr, faðir Björns hyrðusmjörs; hans sunr var Þorðr, er
nam fyrstr Höfðaströnd í Skagafirði á Íslandi, einn hinn
ágætasti landnámsmanna; hann átti ellifu sunu ok átta dœtr,
ok eru miklar ættir frá hánum komnar.]   .

Synir Bjarnar járnsíðu váru þeir Eirekr ok Refill; hanh
var herkonungr ok sækonungr, en Eirekr varð konungr yfir
Svíaríki eptir föður sinn, ok lifði litla hríð. Þá tók ríkit
Eirekr sun Refils; hann var mikill hermaðr ok allríkr konungr.

Bjarnar synir váru þeir Eirekr Uppsali ok Björn kon-
ungr; þá kom Svíaríki enn í brœðraskipti; þeir taka ríki
eptir Eirek Refilssun. Björn konungr efldi þann stað, er
at Haugi heitir; hann var kallaðr Björn at Haugi; með
hánum var Bragi skáld.

Önundr hèt sun Eireks konungs, er ríki tók eptir föður
sinn at Uppsölum; hann var ríkr konungr; á hans dögum
hófsk til ríkis í Noregi Haraldr konungr hinn hárfagri, er
fyrstr kom einvaldi í Noreg sinna ættmanna. Björn hèt sun
Önundar konungs at Uppsölum; hann tók ríki eptir föður
sinn, ok réð lengi. Synir Bjarnar váru þeir Eirekr hinn
sigrsæli ok Ólafr; þeir tóku ríki eptir föður sinn ok konung-
dóm. Ólafr var faðir Styrbjarnar hins sterka; á þeirra
dögum andaðisk Haraldr konungr hinn hárfagri. Styrbjörn
barðisk við Eirek konung föðurbróður sinn á Fírisvöllum;

þar fèll Styrbjörn; síðan rèð Eirekr Svíaríki til dauðadags. Hann átti Sigríði ina stórráðu; Ólafr hèt sun þeirra, er til konungs var tekinn í Svíþjóð eptir Eirek konung; hann var þá barn, ok báru Svíar hann eptir sèr, því kölluðu þeir hann skautkonung, en síðan Ólaf sænska. Hann var lengi konungr ok ríkr; hann tók fyrst kristni Svíakonunga, ok um hans daga var Svíþjóð köllut kristin. Önundr hèt sun Ólafs konungs Sænska, er konungdóm tók eptir hann, ok varð sóttdauðr. Á hans dögum fèll Ólafr konungr helgi á Stikla- stöðum. Eyvindr [1] hèt annarr sun Ólafs sænska, er konung- dómi tók eptir bróður sinn; um hans daga hèldu Svíar illa kristni; Eyvindr var litla hríð konungr.

Steinkell hèt ríkr maðr í Svíaríki ok kynstórr; móðir hans hèt Ástríðr, dóttir Njáls Finnssunar [2] ins skjálga af Hálogalandi, en faðir hans var Rögnvaldr hinn gamli. Stein- kell var fyrstr jarl í Svíþjóð; en eptir dauða Eyvindar kon- ungs tóku Svíar hann til konungs; þá gekk konungdómrinn ór langfeðgaætt í Svíþjóð inna fornu konunga. Steinkell var mikill höfðingi; hann átti dóttur Eyvindar konungs; hann varð sóttdauðr í Svíþjóð nær því er Haraldr konungr fèll á Englandi.

Ingi [3] hèt sun Steinkels, er Svíar tóku til konungs næst eptir Steinkel [4]. Ingi var þar lengi konungr ok vinsæll ok vel kristinn; hann eyddi blótum í Svíþjóð, ok bað fólk allt þar at kristnask, en Svíar höfðu of mikinn átrúnað á heiðnum goðum, ok hèldu fornum siðum. Ingi konungr gekk at eiga þá konu, er Mær hèt, bróðir hennar hèt Sveinn; Inga kon- ungi þóknaðizk engi maðr svá vel, ok varð Sveinn því í Svíþjóð hinn ríkasti maðr. Svíum þótti Ingi konungr brjóta

---

1) *således står her overalt.*
2) *rettet for* d. Nlatzsinsson.
3) Ingimundr — 4) Hákon.

forn landslög á sèr, er hann vandaði um þá hluti marga,
er Steinkell faðir hans hafði standa látit. Á þingi nökkuru,
er Svíar áttu við Inga konung, görðu þeir hánum tvá kosti,
hvárt hann vildi heldr halda við þá forn lög, eða láta af
konungdómi; þá mælti Ingi konungr, ok kvaðsk ei mundu [1]
kasta þeirri trú, sem rètt væri; þá æptu Svíar upp, ok
þröngðu hánum með grjóti, ok ráku hann af lögþinginu.
Sveinn, mágr konungs, var eptir á þinginu; hann bauð Svíum
at efla blót fyrir þeim, ef þeir gæfi hánum konungdóm; því
játa þeir allir. Var Sveinn þá til konungs tekinn yfir alla
Svíþjóð, var þá fram leiðt hross eitt á þingit, ok höggvit í
sundr, ok skipt til áts, en rjóðuðu blóðinu blóttrè. Köstuðu
þá allir Svíar kristni, ok hófusk blót, en þeir ráku Inga
konung í braut, ok fór hann í Vestra-Gautland. Blót-Sveinn
var þrjá vetr konungr yfir Svíum. Ingi konungr fór með hirð
sína ok sveit nökkura, hafði þó lítinn her; hann reið austr
um Smáland ok í Eystra-Gautland, svá í Svíþjóð, reið bæði
dag ok nótt, ok kom úvart Sveini snemma um morgun;
þeir tóku á þeim hús, ok slógu í eldi, ok brenndu þat lið er
inni var. Þjófr hèt lendr maðr, er þar brann inni, hann
hafði áðr fylgt Blót-Sveini. Sveinn gekk út, ok var drepinn.
Ingi tók svá konungdóm at nýju yfir Svíum, ok leiðrètti þá
enn kristnina, ok rèð ríkinu til dauðadags, ok varð sóttdauðr.

Hallsteinn hèt sun Steinkels konungs, bróðir Inga kon-
ungs, er konungr var með Inga konungi bróður sínum. Synir
Hallsteins váru þeir Philippus ok Ingi, er konungdóm tók í
Svíþjóð eptir Inga konung gamla. Phifippus átti Ingigerði
dóttur Haralds konungs Sigurðssunar; var hann skamma
stund konungr.

---

1) *rettet for* mundi.

Varianter og tillæg.

Side 3, lin. 6.

Isteden for de to sidste sætninger: en áðr enn Tyrk-
jar ok Asíamenn komu í Norðrlönd, byggðu norðrálfuna
risar ok hálfrisar; görðisk þá mikit sambland þjóðanna;
risar fengu sèr kvenna ór Mannheimum, en sumir giptu
þangat dœtr sínar.

Side 10, lin. 4.

Herefter findes, også i den fulgte membran: Oddr
svarar: „Þat mundi mitt ráð vera, at vit flýðim undan á
skóg; munum vit ekki megna tveir, at berjask við þá tólf,
er drepit hafa tólf hina frœknustu menn, er váru í Svíaríki.”
Þá mælti Hjálmarr: „flýjum vit aldri undan úvinum okkrum,
ok þolum heldr vápn þeirra; fara vil ek at berjask við ber-
serkina;” *hvilket kortere og smukkere udtrykkes så-
ledes i Verelii udgave:* Nú mælti Oddr: „tveir eru kostir
fyrir höndum: at flýja í skóginn eða bíða ok verja hendr
várar.” Þá kvað Hjálmarr: „flýjum vèr aldri fyrir herjendum
okkrum, þó nökkut údælir þykki.” *Det er klart, at dette
tillæg, på det sted, hvor membranen har det, forstyrrer
sammenhængen, som gengives i de følgende vers.*

Side 11, lin. 23.

*Isteden for dette stykke har den vidtløftigere
fortælling:* Angantýrr mælti: „þat vil ek, sagði hann, at

61

ef nökkurr vár kemsk á braut hèðan, þá skal engi annan
ræna at vápnum, ok vil ek hafa Tyrfing í haug með mèr,
þótt ek deyl; svá skal Oddr hafa skyrtu sína, en Hjálmarr
hervápn, ok svá við skilja, at þeir skulu verpa haug eptir
hina, er lifa. Síðan ganga þeir Hjálmarr ok Angantýrr
saman, ok berjask með hinum mesta ákafa, var þar hvárigum
um sókn nè vörn at frýja; hjuggu þeir bæði hart ok tíðum,
ok óðu jörðina at knjám; var því líkast sem logandi bál, er
stálin mœttusk; gáir nú hvárigr annars, enn höggva sem
tíðast, en landit skalf, sem á þræði lèki, af sameign þeirra;
börðusk þeir svá lengi, þar til hlífar þeirra tóku at höggvask;
veitti þá hvárr öðrum stór sár ok mörg; en svá mikill reykr
gaus af nösum þeirra ok munni, sem ofn brynni. Hefir
Oddr svá sagt sídan, at aldri mundi sjásk hermannligri sókn
eða fegri vápn enn í því einvígi; er þat ok frægt víða í
sögnum, at fáir muni frægri fundizk hafa eðr drengiligar
barizk. Ok er þeir Oddr höfðu lengi hèr á horft, gengu
þeir í annan stað, ok bjuggusk til barðaga. Oddr mælti
til berserkjanna: „þèr munut vilja hafa hermanna sið, en ei
þræla, ok skal einn yðar berjask við mik um sinn, en ei
fleiri, svá framt sem yðr bilar ei hugr; þeir játa því. Gekk
þá fram Hjörvarðr, en Oddr snèri hánum í móti; hafði Oddr
svá gott sverð, at þat beit svá vel stál sem klæði; síðan
hófu þeir sitt einvígi með stórum höggum, ok var ei langt,
áðr enn Hjörvarðr fèll dauðr til jarðar; en er hinir sáu þat,
afmynduðusk þeir ákafliga, ok gnöguðu í skjaldarrendrnar,
en froða gaus ór kjapti þeim. Þá stóð upp Hervarðr, ok
sótti at Oddi; ok fór sem fyrr, at hann fèll dauðr niðr.
Við þessi atvik eyskraði sút í berserkjunum, rèttu út tung-
arnar, ok urguðu saman tönnunum, öskrandi sem blótneyti,
svá buldi í hömrunum. Óð þá fram Sæmingr; hann var
þeirra ellifu mestr, ok gekk næst Angantýr; sótti hann svá
fast at Oddi, at hann hafði nóg at verjask fyrir hánum;
börðusk þeir svá lengi, at ei mátti í milli sjá, hvárr sigrask
mundi; hjuggusk af þeim allar hlífar, en skyrtan dugði svá
Oddi, at hann sakaði eigi; bárusk þá sár á Sæming, ok gaf
hann sik ei við þat, fyrr enn nær var höggvit allt hold hans
af beinunum, sá Oddr hvergi úblóðgan stað á hánum, ok

er blóð hans var allt ór æðum runnit, fèll hann með mikilli breysti, ok var þegar dauðr. Síðan stóð upp hverr at öðrum, en svá lauk, at Oddr felldi þá alla; var hann þá ákafliga móðr, en ekki sárr. Snýr hann síðan þangat til sem þeir Angantýrr ok Hjálmarr höfðu barizk; var Angantýrr þá fallinn, en Hjálmarr sat við þúfu eina, ok var fölr sem nár.

Side 13, lin. 7.

Isteden for dette stykke have de udførligere: Oddr var þar um nóttina; um morgininn bar hann saman alla berserkina, ok tók síðan til haugagörðar; röðuðu eyjarskeggjar saman stórar eikr eptir fyrirsögn Odds, ok jusu síðan yfir grjóti ok sandi; var þat mikit þrekvirki ok traust gört; var Oddr at þeirri iðju í hálfan mánuð; síðan lagði hann þar í berserkina með vápnum þeirra, ok byrgði síðan aptr haugana. Þessu næst tók Oddr Hjálmar, ok bar hann á skip út, ok flutti heim til Svíþjóðar, segjandi þessi tíðindi konungi ok dóttur hans; fèkk henni svá mikils fall Hjálmars, at hón sprakk þegar af harmi, ok váru þau Hjálmarr í einn haug lagin, ok drukkit erfi eptir þau. Dvaldisk Oddr þar um hríð, ok er hann ór sögunni. *Membranen har:* Síðan fóru þeir brœðr brott, ok komu til Sámseyjar, ok gengu upp á land at leita Hjálmars; ok fóru þeirra skipti svá sem greinir í Örvarodds sögu, fyrst at þeir komu í Munarvága, ok drápu þar alla menn af þeim tveim skipum, sem þeir Hjálmarr ok Oddr áttu; ok síðan fundusk þeir uppi á eynni; drap Oddr ellifu brœðr Angantýrs, en Hjálmarr drap Angantýr, ok dó þar sjálfr síðan af sárum. Síðan lèt Oddr leggja þá í stóra hauga alla með öllum sínum vápnum, en flutti Hjálmar heim til Svíaríkis. Ok þegar Ingibjörg konungsdóttir sá lík Hjálmars, þá fèll hón dauð niðr, ok eru þau heygð bæði saman at Uppsölum.

Side 20 b, lin. 9.

Her indskydes af nogle en strofe, der kun er en variant af den næstforegående:

Hón kvað:

Ek mun hirða
ok í hönd nema
hvassan mæki,
er mik hafa látit;

uggi ek eigi þat,
úlfa greinir,
hvat synir mínir
síðan telja. ·

Hann kvað:

Side 27, lin. 19.

Ok er mjök var alþýða komin, þá mælti konungr:
„eigi er enn gullhárinn kominn." Þá var enn leitat, ok
fanns'k maðr í steikarabúsi ok band um höfut; margir undruð-
usk, hví hann skyldi til þings, þræll einn vándr. En er
hann kom til þings, þá mælti Heiðrekr konungr: „hèr megi
þèr nú þann sjá, er konungsdóttir vill eiga heldr enn
mik;" hann tók nú leppinn, ok bar við hárit, ok átti þat saman
at fara.

Side 43 a, lin. 11.

*Et håndskrift, som kun indeholder gåderne i en
temmelig forskellig orden, har blandt andet endnu føl-
gende:*

Efter gåden om smedebælgene:

Gestr mælti:

Hvat er þat undra,
er ek úti sá
fyri döglings durum?
Hvítir fljúgendr
hellu ljósta,
en svartir í sand grafask.
Heiðrekr konungr (o. s. v.)

Góð er gáta. Smættask nú
gáturnar, en þat er hagl ok regn,
því at hagli lýstr á stræti, en

regndropar sökkvask í sand ok
sœkja í jörð.

Gestr mælti:

Svartan gölt ek sá
í sauri vaða,
ok reis hánum ei bust á baki.
Heiðrekr konungr (o. s. v.)

Góð er gáta. Þat er torf-
dýfill, ok er nú margt til tínt,
er torfdýflar eru ríkra manna
spurningar.

Efter gåden om soen med de ni grise:

Gestr mælti:

Hvat er þat undra (o. s. v.)
Úvarliga flýgr,
armloð gellr,

harðar eru hilmi.
Heiðrekr konungr (o, s. v.)
Góð er gáta. Ör er þat,
segir konungr.

Efter gåden om edderkoppen:

Gestr mælti:
Hvat er þat er lýðum lýsir,
en logi gleypir,
ok keppask um þat vargar
ávallt.
Heiðrekr konungr (o. s. v.).

Góð er gáta. Þat er sól,
hón lýsir lönd öll, ok skínn yfir
alla menn, en Skalli ok Hatti
heita vargar, þat eru úlfar; er
annarr þeirra fram fyri, en an-
narr eptir sólu.

Side 47, lin. 29 — Side 48 a, lin. 3.

Et håndskrift har for dette og de næstfølgende linier:

Angantýrr gekk út ok
kvað:

Heill kom þú, Hlöðr,
Heiðreks föðurs,
bróðir minn, gakk,
á bekk at sitja!
drekkum Heiðreks
hallarveiga,
föður okkar
fyrstr manna,

vín ok mjöð
hvárt þèr valdara þykkir.

Þá kvað Hlöðr:

Til annars vèr
hingat fórum,
enn öl at drekka;
þiggia af þjóðan
þínar veigar,
nema ek hálft hafi
þat er Heiðrekr átti (o. s v.)·

Side 51, lin 23.

Ormr reið fram í her Húna, ok drap svá margan mann,
at seint er at telja, ok var þeim öngum lífs ván, er hann
náði til með sverðinu, ok báðar hendr hefir hann blóðgar
til axla. Nú sem Hervör sèr, at hennar lið fellr, varð hón
ákafliga reið, ok höggr til beggja handa bæði menn ok hesta,
drap hón jafnan sex menn í hverju höggi, ok hrökk allt

undan henni, var hón líkari leóni enn manni at sjá; öngum
mœtti hón svá hraustum, at eigi tœki skjótt dauðann fyri
lífit; mátti hón þó ekki mót standa þvílíku ofrefli, sem við
var at eiga. Váru þá fallnar af henni tíu þúsundir. Hón
kallar þá á Hlöð, ok mælti: „kom þú til einvígis við mik,
Hlöðr, ef þú hefir öruggt karlmanns hjarta." Hlöðr svarar:
„ekki em ek þyrstr í líf þitt, systir;" hèt hann þá á sína
menn, at taka hana höndum: „ok skal hón bíða fyrst á váru
valdi." Þegar Hervör heyrði þetta, eyrði hón öngu, ok
drap allt hvat fyri varð, gekk svá lengi; sótti þá at henni
herrinn, en hón drap alla, er henni váru næstir, þangat til
hón fèll dauð niðr af hestinum; runnu þá blóðstraumar miklir
af munni hennar, ok meintu allir, hón mundi hafa sprungit
af mœði; þóttisk engi hafa spurn af, at nökkurr kvennmaðr
hefði svá hreystiliga barizk. Siðan lèt Hlöðr heygja hana
með mikilli virðingu.

Breinigsville, PA USA
17 December 2009
229435BV00004B/55/A